夫婦愛を育む魔法の法則

愛され上手なかわいい妻に

橘 幸世
Tachibana Sachiyo

光言社

はじめに

二十代の独身時代、教会で既婚の婦人たちと関わる機会がありました。み言《ことば》に出合ったのが先とはいえ、女子高・女子大を経てすぐに教会に来た私は、婦人たちの内外の事情に対して、今思えばあまりに無知でした。ある時、一人の先輩が『トータル・ウーマン』（マラベル・モーガン著）という本を薦めてくださいました。とても新鮮で、多くの知恵が与えられ、自身にとっても、婦人たちとの関わりにおいても、大変役立ったのを覚えています。その後も、夫婦関係や親子関係などに関するいろいろな知恵に出合うたびに取り入れていきました。

やがて自身も結婚生活を始めてみると、かつて婦人たちの様々な事情を十分に理解してあげられなかったことに、申し訳ない思いが湧いてきました。

そのうち、なぜか教会の兄弟姉妹が夫婦関係について、私に相談してくるようになりました。ヨーロッパにいた時には、夫婦で話し合いたいから間に入ってほしい、と呼ばれることが何度かありました。夫婦どちらも信仰的で、より良い関係を築きたいと願っているのにうまくいかず、ストレスが溜《た》まる……、そんなカップルたちでした。何とか力になりたいと思いながらも、自分とは事情が違うので、こうしたらいい、という具体的なアドバイスができず、もどかしい思いをしました。

そんな時、イギリスの姉妹が『新・良妻賢母のすすめ』（ヘレン・アンデリン著）という本に基づいた講座をして、とても良い結果が出ていることを聞きました。早速その本を取り寄せてみると、原理原則に則《のっと》った、具体的アドバイスが書いてあり、夢中で読みました。その本にある、幸福な夫婦関係を築くための愛の基本原則を箇条書きしたものを友人に送ると、彼女は「これが私のバイブルよ」と言って、ご主人との関係に役立てていました。また、別の友人は、愚痴を聞いてあげた後に、本のさわりを話しただけで、「あ〜、とっても楽になったわ〜」という反応をしてきました。

自分で講座を始めてみると、その劇的結果に驚きの連続でした。

時には失敗しながらも、自らも原則を実践し、また多くの方に紹介する中で、学びと確信を深めていきました。客観的に見れば、修復するのは到底無理だろう、と思えるような事情の中にあっても、「学んだ内容を実践してみる」、と当人が心を定めると、たくさんの奇跡が起きました。関係を修復するという次元を超えて、それまで味わったことのない愛と喜びの関係に至ったのです。さらに、夫婦愛がよみがえると、やがて子供たちの心の傷が癒やされ、親子関係も回復しました。

様々な事情の方が学びに来られるので、参加者たちの質問に対応できるよう、専門的な内容も含めて、心理学や夫婦問題関連の学びを重ねていきました。そんな中、分かったことは、良書と言われている本はどれも、切り口こそ違え、同じことを言っている、ということでした。原則は一緒だということです。アメリカのある研究者は、あまたある夫婦関係本の原点は『新・良妻賢母のすすめ』だと、論文で書いています。

また、大知《おおとも》勇治先生の『氏族伝道の心理学』（光言社）を読んで、「創造本性の授受作用」という言葉にスパークしました。その視点で原則を見てみると、それらは全て男女の違いを踏まえた上での、互いの創造本性を啓発するものでした。講座で、その点を明確にしてお話しすると、単なるハウツーものではなく、生き方にまで通じるものに発展していき、学んだ方々もより希望を持って実践に臨めるようになりました。

神様の創造理想を家庭に実現する上で、男性と女性の本性的違いを正しく知って、相対間で適切な働きかけをしていくことがとても大切です。

本書は、二〇一二年から翌年にかけて季刊誌『祝福家庭』に連載された内容に加筆、修正したものです。夫婦が愛と美を交わしつつ、喜びの中で共に成長する、そんな家庭を築いていかれる一助となれば幸いです。

二〇一七年二月

橘　幸世

夫婦愛を育む魔法の法則◆目次

Ⅲ　男として感じる最高の喜びとは

Ⅳ　本性に根差した役割分担

V　男性の自尊心と心の壁

VI　幸福な心

Ⅶ 可愛く、無邪気に、女らしく

I

男女の創造本性を刺激する授受作用

「男は与えたい、女は受けたいんだ」

「でもやっぱり私、愛されたいのよ！」

一九八〇年代後半、ニューヨークにいた時、アメリカの姉妹が発した言葉です。今はもうこの言葉とそのシーンしか記憶に残っていませんが、相談に来た彼女に私が「許して、愛して……」と話していた時に返ってきた言葉でした。

それは、「自己否定」、「ために生きる」などの教えを受ける中で、何の疑問もなく自分の内に封印してきた思いが、目の前に出されたような感覚でした。

当時は、文孝進《ムンヒョヂン》様がベルベディアで説教をされ始めた頃でした。ある日の説教で、孝進様が、「男は与えたい、女は受けたいんだ（Men want to give. Women want to receive.）」と言われました。この時の驚きもまた、忘れられません。真《まこと》の子女様が、〝受けること〟を女性の本性として肯定されているように感じたのでした。

真の父母様から素晴らしい主体者を頂き、感謝する一方で、彼に良くしてもらいながらも、「この人は信仰ゆえに私を大事にしてくれているのだろうか。私が妻で良かったと思い、女として愛してくれているのだろうか」という疑問が、言葉にこそしませんが、女としての私の心の奥深くにあるのです。

そんな思いを抱えてきた私が海外で出合った『新・良妻賢母のすすめ』（コスモトゥーワン刊）は、大きな衝撃でした。その出だしに、「夫に愛され慈しまれることは、結婚している女性の心からの願いです」とあります。〝愛を受けること〟に焦点を当てているのです。統一原理で〝女性は対象〟と学びながらも、現実の信仰生活の中では〝受けること〟に焦点を当てません。愛されること、認められること、受けることを求めてはいけない、ひたすら与え尽くすのだ、と努めます。愛する側に立っているんですね。でも、そのまま夫婦という相対関係に臨むと、なぜかうまくいきません。

幸せな家庭の土台は、愛ある夫婦関係です。愛ある夫婦関係を築くために対象の位置にある女性がすべきは、〝愛される妻になるための努力〟です。愛される妻になるには、夫から愛が自《おの》ずと湧いてくるように努力しなければなりません。

夫に愛されて力を得、その愛を子供に注げば、子供は健全に育ちます。

昔から男性は太陽、女性は月に例えられますね。月は太陽から受けた光で地球（子供）を照らします。女性は、夫からの愛を受け取って満たされてこそ、穏やかな心で子供に愛を注げるのです。ですから、まず〝受け取る〟ことを学ばなければなりません。

地球は自転軸がずれず、それによって豊かな生命が存在しています。地球の自転軸がずれないのは、月のおかげだそうです。月がちょうどいい大きさなので、その引力に支えられて軸がずれず、水と緑の豊かな青い地球が保たれ、生命が育まれているのです。過去に二度、僅かに軸がぶれた時、地球は氷河期に入りました。

このような事実を見ると、改めて神様の創造のみ業に感動します。母の役割をそのまま表していると思いませんか。

地球から見る月はいつも同じ側が見えます。反対側が地球に向くことはありません。満月なのに〝兎《うさぎ》〟が見えないということはないでしょう？　お母さん（月）は常に子供（地球）のほうを見ていて決して目をそらさず、子供の周りを回っているのです。

ここで忘れてならないのは、地球と月はセットで太陽（お父さん）の周りを回っているということです。子供のことばかり考えていて、夫の存在を忘れたら、正しい判断ができなくなってしまいかねません。

そういう父・母・子の位置関係を正しく理解することが、愛の中でそれぞれが健全に成長できる家族となるための土台なのです。

位置関係と共に知っておくべき大切なことは、太陽の本性と月の本性です。真のお母様は女性指導者たちに対して、「女性の不幸は、女性が神からもらい受けた本性と役割がいかに貴いものかを知らないところに由来しているのです」（『平和経』）と語られました。

この本で焦点を当てるのは、夫婦の位置関係を正しく理解すること、男性の願いや気性・特性を理解すること、そして、〝夫の愛をいかに呼び起こすか〟〝いかにして愛される妻になるか〟です。

「え〜っ、そんなこと思っていいの〜?」なんて思わないでください。妻がただ耐えて自己犠牲の道を行っても、夫も子供も本当の意味で幸せにはなれません。

妻が夫の愛を求めることは身勝手な願いではありません。自己中心的でもありません。太陽が一方的に光を注ぐように、男性は本性的に与えたい、愛したいので、妻を愛することが彼の喜びであり活力です。彼の自信は増し、より男らしくなり、より満ち足りた幸福な人生を送ることができます。夫に愛されない妻は、夫から、男としての、夫としての素晴らしい喜びを奪ってしまっているのです。

妻が愛される努力、夫の内にある愛を呼び覚ます努力をすることは、夫を幸せにし、子供たちを幸せにする道なのです。そして、その目標に至るまでの過程は、あくまでも原理原則をもってなされます。

祝福家庭の婦人は、特に夫の信仰が確立されている場合、その教えゆえにかえって油断していることもあるかと思います。信仰ゆえに、離婚はない、という安心感です。その安心感から、妻として夫に愛される努力を怠ってしまうことはないでしょうか?

でも、ちょっと考えてみてください。夫から、「僕はあなたを決して裏切りません。それは原理に反しているからです」とか「霊界での審判が怖いからです」「天国に入るためです」とか言われたらうれしいですか?　女として複雑な気持ちになりませんか?　「あなたを愛しているからです」と言ってほしいですよね。

中には、夫に対して葛藤している方もおられるでしょう。「愛せない」「あんな人に愛されたいとは思わない」と言われるかもしれません。

でも、男性のものの見方、考え方、感じ方を知り、男性への理解を深めていけば、どうしてそんな態度を取るのかと怒っていたことも、そうだったのかと合点が行き、怒りが和らぎます。そうすると、それまで見えなかった夫の良い点が見えてくるようになり、自然に愛しやすくなっていくのです。

夫は〝アダム〟

良い関係を築く上で、信頼は不可欠です。相手の堕落性ばかり見ていたら、信頼は湧いてきませんし、相手もそんな波動を感じ取って、心を開かないでしょう。神様から与えられた善なる本性に焦点を当てて授受作用しましょう。〝男女の創造本性を刺激する授受作用〟に努めるのです。

統一原理を通じて私たちは、復帰の原則として、女性は真のアダムである真のお父様と一体となるべき位置におり、男性は天使長の位置にいると学んでいます。

では、男性はずっと天使長の立場なのでしょうか？　三日行事を通して、男性は主体の位置を復帰します。天国に入る時は、間違いなく夫婦はアダムとエバとして入るのです。

妻が夫を天使長として見、対していたら、夫のアダムとしての創造本性は啓発されません。もちろん、女性は真のお父様にしっかりつながることが大前提です。その上で、神様が与えてくださった自分の主体として夫に対するのです。

「女性は自分の夫に対して夫は神の身代わりと思わなければならない。そういう立場になった場合には、妻は夫の娘にならなければならない。……（中略）……奥さんから見て夫はお父さん、お父さん以上に信じなければならない。自分の今までの体験を総合した価値より以上の価値を見いだすような基準に立って、向かい合わねばならない。そういう心情基準を復帰できなければ、サタンが破壊した理想相対基準を取り戻すことはできない」（「理想相対」、１９６９年２月４日）

私が修練会で海外ボランティアに行く決意をして帰ってきた時のことです。迎えた夫は決して機嫌のいい顔ではありませんでした。私たちは五カ月前に幼い二人の子供を連れて夫の故郷に移ってきたばかりでした。

当時は『新・良妻賢母のすすめ』に出合う前でしたが、「夫婦間で説教し合ってはいけない」ということだけは聞いていました。お父様の涙の前に決意してきた私ですが、だからといって「お父様と約束したのだから、行かないといけないのよ！」と主張してはいけません。

主人は勤め始めたばかりの会社で連日、深夜まで残業をしていました。私がいなくなれば、当然、勤めを続けることはできません。「仕事はどうするんだ。子供たちはどうするんだ。親には何と言うんだ？」と主人は強い口調で言ってきます。私は「うん、……うん、そうだね」と受け止めるばかりです。

何日たった頃でしょうか？「あなたが自分の意志で行くと言えば、親が納得しないだろう。私が私の意志であなたを海外ボランティアに送る、と親に言うから」と主人が言ってきました。本当に驚きました。感動しました。ありがたい言葉でした。今でもこのことを話す時、目頭が熱くなります。

男性もお父様を慕い、摂理を理解し、貢献したいと思っている信仰者です。でも、夫が行動する前に妻があれこれ言うと、その天への孝行心が抑えられてしまいかねないと思うのです。

自分の夫には信仰がない、と言う方もいらっしゃるかもしれません。それでも、自分の主体、アダムとして対していくのです。そしてご主人にとって一層愛《いと》おしい妻になる努力をしていってください。それが、ご主人伝道においてとても大切な点だと思います。

幸福な関係を築くための原則

宇宙にも人生にも、不変の法則が存在していることを私たちは知っています。健康も、その法則に則《のっと》って生活すれば保たれ、それに反した生活をすれば損われます。同様に、幸せな夫婦関係を築く上でも原理原則があります。それに則って授受作用すれば幸せになり、それに逆らって堕落性を刺激し合えば、どんなに努力しても関係は難しくなってしまいます。ですから、私たちはこの原則をしっかりと知って実践しなければなりません。

原則とその実践方法、すなわちものの見方・捉え方、言い方、行い方などの中には、あまりうれしくないものや納得しがたいものもあるかもしれません。それでもやってみてください。やってみると、良い結果が出ます。今まで見たこともないご主人の表情、聞いたこともない言葉に出合うでしょう。そうしたら、その原則が「ああ、やっぱりそうだったのか、本当に幸福への道だったのだ」と確信できるのです。

知っているだけでも違う、と言う人もいます。確かに違います。間違いを犯すことが減りますし、夫がなぜそんな態度を取るのか理解できるようになりますので。でも、知っているだけでは、根本的変化や愛がよみがえるまでには至りません。知識よりも、これまでの人生で身についた習慣的情の反応のほうがはるかに強いので、結局、元に戻ってしまうのです。『新・良妻賢母のすすめ』で紹介されている原則の一つに「夫が家庭のリーダー、最終決定権を持つ」というのがありました。最初に読んだ時は、正直、抵抗がありました。男性が主体であると学んでいますので、「リーダー」というのはすんなり受け入れられるのですが、「最終決定権」とまで言い切っている部分に対して、半信半疑だったのです。

私の経験をお話しします。韓国・清平《チョンピョン》での二十一日修練会に参加した時のことです。私としては三月に出たいと思いました。仕事への影響が少なかったからです。しかし主人は、子供たちの春休み中は家にいて、四月に行ってくれ、と言いました。それは私にとってほぼ確実に、仕事を辞めることを意味します。大変葛藤しました。でも、原則は「夫に最終決定権」です（もちろん妻も意見を言った上で、ですが）。それで私は（葛藤しつつ、半ば諦めて）職場に、四月は仕事に出られない旨を伝えました。すると驚くことに、四月は他の人でなんとかカバーするから続けてほしい、と言われたのです。結果、私は仕事を辞めることなく、子供たちにとっても負担が少なく参加することができました。

職場から驚きの返答をもらったことを報告すると、主人は誇らしそうです。もちろん私は、「お父さんが言ったとおりにしたら、一番いい結果が出たね～」と言いました。皆がハッピーの結果！　う～む、やっぱりこの原則は正しい、と実感せざるを得ませんでした。

夫を神の代身として信頼するという境地は、言われてすぐにできるものではありません。でも、信頼できないから従わないのでは、何も変わりません。また、信頼して委ねてみなければ、夫の判断が正しいことを体験できません。原則を知った上で、内的には葛藤しつつも、外的にでも行動すると、その原則が幸福に至ることを体験します。そのような体験を通して、内的に転換されていくでしょう。

でも、自分の夫は復帰されていない、あるいは信仰が立っていない、という方もおられるでしょう。その場合、この原則をどう生活化したらいいのか、詳しくは男女の役割に関する章でお話しします。

六回シリーズで講座をしていた時のことです。「どなたか、実践して体験したことを話してください」と言うと、一人の婦人がさっと手を挙げて、うれしそうにこう発表しました。「私の主人は障害者です。片腕がありません。これまでは自分が夫の分もやらなければと頑張ってきました。あ、お父さん、いいよ、私がやるから、というふうに。でも、男性は守り手である、という原則を聞き、主人のできる範囲で頼るようにしました。すると、自分が本当に楽になり、女らしくなれた気がします。これからも頑張って、可愛い妻になりたいです」

本当に感動しました。この婦人は、「夫が守り手と言っても、うちは障害者だから」と、ご自分を例外視しませんでした。ご自分の事情と環境の中で、できるところから実践をしたのです。

こういう体験を聞くと、うちは状況が違う、例外もある、とはなかなか言えませんね。原則ですから、年齢も関係ありません。幾つになっても男女は心を通じ合わせたい、愛し愛されたいのです。

手本となる女性像

人は親に似ます。好むと好まざるとにかかわらず、性格から言動まで似てしまいます。また、自分がされたようにしか、人にできません。親から受けたことをそのまま子供にしていくのです。親から虐待された人の八割が、したくない虐待を自分の子供にしてしまうと聞きます。

この連鎖を断ち切るために来られたのが、真の父母様です。この侍義時代、理想的には、私たちが真の父母様に直接侍って真の父母様に似た者となっていければよいのですが、現実には直接侍ることはかないません。父母様を慕いながらも、自分の中からは肉親から受け継いだ言動、感情が出てきます。

お母様に直接侍れない現実を補うために、理想的女性像、私たちが目指すべきロールモデル（役割モデル）をイメージしてみましょう。身についた習性を脱ぎ捨てて、幸せへの新しい習慣を身につけるための具体的な努力目標を次にお話しします。

時に母、時に妻、恋人、そして娘

男性の価値観、判断基準は女性のそれとは本当に違います。この違いを知らないと、良かれと思って相手のために何かしたとしても、相手が不機嫌になることが往々にしてあります。私がこんなに頑張っているのにどうして通じないの、分かってくれないの、何て自分勝手なの、と逆に関係が難しくなってしまいます。**動機が善だとしても、必ずしも相手の創造本性を刺激するとは限らないのです。**

では、男性は女性のどんな点に魅力を感じ、どうしてもらったらうれしいのでしょうか?

真のお母様は聖霊の実体と言われています。聖霊は癒やしと感動を与え、主につなぐ役割をします。お母様は、清らかで、私たちを分け隔てなく包み込んでくださいます。私たちは、癒やされ、力を頂き、平安を覚えます。また、とても女らしく、たおやかです。〝温室の中の一輪の花〟と例えられるように、神様と大母様から大切に守られてこられました。

一方で、ベッドの上でお父様が、お母様の足の裏をくすぐろうと追いかけて、お母様がキャッキャッと逃げておられるシーンも目撃されています(それほど以前の話ではありません)。お二人の時だけ、お互いに出すことのできる一面なのかもしれませんね。

そんな多面性を持ったお母様。お父様をお支えする中で、時には母のように、時には娘のように対されたのではないでしょうか。

男性が求める理想の女性は、「聖霊的（母性的）側面」と「エバ的（お姫様的）側面」の二つを兼ね備えている、と言えるでしょう。

聖霊的側面とは、善良な人柄、男性に対する理解、主婦力、魂の平安などです。これは男性に敬愛の情を引き起こし、**平安と幸福、慰労**を与えます。男性が迷いの中にあれば支え、やがて善の方向に導きます。

一方で、エバ的側面とは、エデンの園で純粋無垢《むく》に戯れるエバのように、女らしく、快活で、笑顔、キラキラした眼差《まなざ》しをした、幼い少女のような面です。親は幼い娘を「我が家のお姫様」と愛情を持って呼びますね。お姫様は大切に守ってあげないといけないでしょう？この側面を持った女性は、男性に頼り、甘えます。これは男性を魅了し、**彼女を守ってあげたいという気持ち**を起こさせます。男性に、自分を男として感じさせる側面なのです。**自分を男と感じる**ことは男性の最大の喜びの一つです。

この両方が備わって、男性の心は満たされ、女性への愛が溢《あふ》れてきます。どちらか一方だけでは満たされません。

なんと高い理想を語っているのか、と思われる方もいるでしょう。私自身、そうでした。でも、女性も、理想の男性像を聞かれれば、「頼りになって、優しい人」と答えませんか？強さと優しさ両方を求めるでしょう？　生来私たちの内にある本性を啓発していけば、誰でもこの二つの側面を持つことができるのです。

聖霊的側面を備えた女性といれば、男性は心地良いでしょう。自分を理解してくれ、受け止めてくれ、支えてくれ、励ましてくれますから。でも、男性は〝お母さん〟と結婚するのではありません。男としての自分を必要としてくれる〝女性〟と結婚したいのです。主体としての本性を発揮して、自分が守るべき家族を幸せにしたいのです。男として立派にやっていきたいのです。そのためには、妻は〝恋人〟や〝娘〟のような面、お姫様的面も備えなければなりません。

自立した女性は、たとえどんなに魅力的であっても、〝一人で生きていける〟という印象を与えてしまえば、男性を惹《ひ》きつけることはできません。「君は僕がいなくても生きていける」と男性が感じると、その女性への愛情は損なわれてしまいます。

一方、どんなに夫に甘え、頼ってくる可愛い奥さんでも、そればかりでは夫は疲れてしまいます。仕事でのストレスや悩みを抱えていて、慰めてほしい時もあるでしょう。おいしい夕食に疲れが癒やされることも、とても大切です。

女性を守りたいけれど、時には支えてほしいのです。同様に、女性も、疲れた夫を癒やしてあげたいし、同時に愛されたいでしょう?

妻が、聖霊的側面とエバ的側面両方を備えるようになれば、お父様が語られた、時には父と娘、時には兄と妹、弟と姉、息子と母という情関係を夫婦間で味わえるようになります。

私たちは家庭を通して子女の愛、夫婦の愛、父母の愛を体験していきますが、親はやがて先に旅立ち、子供たちも巣立っていきます。夫婦二人になった時、二人の間でその三つの愛を味わえたら、心がいつも刺激を受け満たされて、飽きません。

子供時代、息子あるいは娘として、親から十分な愛情を受けられなかった(と感じている)人でも、相対関係で様々な情関係を経験することで、その不足感が満たされて、もっと愛を出せるようになっていくでしょう。

Ⅱ 受け入れる

夫をあるがまま受け入れる

「夫をあるがまま受け入れる」。これが第一の、最も基本的な原則です。「あるがまま受け入れる」という言葉はいろいろな場面で聞きますね。反抗する子供を親としてあるがまま受け入れる、批判的な伝道対象者をそのまま受け止めるなどなど。一生懸命に実践してこられた方も少なくないでしょう。それを夫に対しても実践しましょう。決して容易なことではありませんが、これが幸せな結婚生活の基礎であり、土台なのです。

受け入れるとは？

では、そもそも「受け入れる」ということは、具体的にどうすることでしょうか。『新・良妻賢母のすすめ』には、次のようにあります。

「受け入れるということは、今この時のありのままの夫を、**何の変化も求めず**受け入れることです。彼はもっとよくなれる、あるいはなるべきだと思っていても、それは夫の責任であって、あなたの責任ではないのです。…（中略）…受け入れるということは、ただ夫に対して我慢して寛容となることではありません。夫が完全でもないのに完全と思い込もうとして、自分を偽って不正直になることでもありません。あるいは、あきらめることでもありません。自分の責任は夫をつくりかえることではなく、今のままの夫に感謝することだと気がついて、あなたの心が平穏な状態になることです。あなた同様、夫も人間として長所も欠点ももっているのだと認識するのです。…（中略）…**彼を長所も欠点もある人間として受け入れて、彼の欠点で思い煩《わずら》うことをやめ、長所だけ見ることです**」

受け入れる第一歩は、「変えようとしない」ことです。言葉で「受け入れている」と言っても、「この点さえ変わってくれたなら」と思えば、それは受け入れていることになりません。夫が変わるのは夫自身の責任です！　夫にせよ子供にせよ、いくら何を言っても、決してこちらの思いどおりにはいきません。別人格なのですから。変えようとすればするほど、期待や要求を持って見れば見るほど、双方にストレスとなってしまいます。逆に、受け入れてみると、〝心が平穏で幸せな状態〟になります！

私たちは統一原理を学んでいますので、人の堕落性はすぐ見えます。意識して、長所に焦点を合わせましょう。妻の責任は夫をつくり変えることではなく、彼という人間の良さを認めて感謝することです。神様が下さった本性を中心に授受作用してください。

夫のどんな点を、なぜ変えたいのか？

ところで、皆さんはご主人のどんな点が変わってほしいと思っていますか？　癖・習慣、時間の使い方、夫・父親としての役割、人との接し方、性格、金銭感覚、将来への展望など、気になる点や不満に思うところを一つずつ書き出してみてください。そして、その一つ一つに対して、なぜ変わってほしいと思うのか自問してみてください。

それは皆さん自身のためでしょうか？　自分の考える理想的夫像に変えたいですか？　あるいは、夫の欠点が癇《かん》に障るとか、あの欠点さえなかったら自分の人生もっと良いものになるのに、などと思いますか？　自分の幸せのためだとすれば、それは自分中心の発想ですから、やめましょう。

あるいは、ご主人のためでしょうか？　あの欠点があるから彼は仕事や人間関係がうまくいかない、彼の幸せのために、と思って夫を変えようとしている場合もあるでしょう。時には、それが妻である自分の務め・使命だと思って……。

もし夫が自分自身の欠点に気づいておらず、そのために問題が起きているのであれば、それに気づかせるのは妻の務めです。愛情を持って上手に伝えましょう。(気づかせ方については後に書きます) ただし、妻の務めはここまで、です。ひとたび夫が自分の欠点に気づいたら、それを改めるか否かはあくまで夫自身の責任です。

たとえそのことのゆえに不都合が起きていたとしても、夫を変えようとしてはいけません。なぜでしょうか?

「変えたい」=「ダメ出し」

妻の動機がどんなに良くても、どんなに上手な言い方をしたつもりでも、夫は妻の言動の背後にある「変えたい」という思いを感じ取り、反発し、時には怒りだし、関係が悪化します。

変えようとすることで、「今の夫に満足していない」というメッセージを送っているのです。そんな妻の前で、夫はリラックスできるでしょうか? 仕事で疲れて帰ってきて、その上、家では小言や批判を受ける。そんな彼に〝安息圏〟はありません。心を閉ざし、自分の周りに目に見えないバリアーを張るでしょう。

妻からの「ダメ出し」を受け続けると、やがて愛情が冷めていきます。実際、多くの夫婦関係がこうして崩壊に至っているのです。真《まこと》のお父様も、女性が能動的・主導的立場から降りて、本来の相対的・受動的立場に戻らなければ、「すべての男性を失ってしまうことでしょう」と語っておられます。（「創立以前の内的教会史」、1977年5月1日）

また、妻に言われると、（本人はやる意思があっても）あえてやらなかったり、真逆のことをやったりします。言われてやるのが嫌なのです。たとえやりたいことでも、妻からやれと言われてしまえば、自分の自由意志を主張したいがゆえに、やりません。神様は人間に自由を与え、自らの意思で正しい道を選択することを願われました。加えて、神様は男性を主体的存在として創造されました。妻が夫にあれこれ言って、いいように動かそうとするのは、この本性を否定する行動なのです。「国を問わず、女から口うるさく言われることを男は最も嫌っている」と、『話を聞かない男、地図が読めない女』の著書で有名なピーズ博士夫妻は調査の末、結論付けています。

そして何より、プッシュや脅し、ほのめかしなど、どんな手段を講じたとしても、効果はありません！　夫は変わりません。そんな彼に妻はイライラし、それがストレスとなり、子供たちにも影響します。

夫を変えようとすれば、関係にひびが入り、愛が冷え、反抗され、その上効果は（よくて）ゼロ！　夫が変わるとすれば、悪い方向に、妻が願うのとは逆の方向に変わってしまうでしょう。

信頼すると決めて、自由にさせる

では、もし妻が夫をあるがまま受け入れたら、夫は変わるのでしょうか？

変わるかもしれませんし、変わらないかもしれません。それは夫の責任だからです。「受け入れたら、変わる」と思って受け入れる努力をするのであれば、それは形だけの受容であって、本当の意味で受け入れていません。でも、「今のままでいい」と受け入れたとき、多くの夫がまるで別人のように変わります。何歳の方でも変わります！

〝変えたい〟＝〝欠点に目を向けている〟限りは、創造本性を中心とした授受作用ができません。視点を長所にシフトしましょう。

まずは、ありのままの自分でいる権利を認めてあげましょう。変えようとするあなたは、自分の不安から相手を自分の望むようにコントロールしようとしているのです。信頼すると決めて、自由にさせてください。家庭で一切の批判やプレッシャーを感じずに自由でリラックスできると、心がオープンになり、頭も自由に働きます。向上心も湧き、彼は自分にとってベストの選択をするでしょう。

そして、あなたの視点を彼の長所に向けて、褒めてください。褒められると、それをもっと伸ばしたくなると同時に、弱点を克服しようとします。良い力が湧いてくるのです。お父様が、「実が実りはじめれば花びらは落ちてしまう。同じように心の中に神性が成長すれば全ての弱点は落ちてしまう」（『御旨の道』信仰生活）と言われた内容を体験しましょう。いつの間にか彼の欠点が気にならなくなっている自分を発見するでしょう。

夫が変わるのは夫自身の責任であるように、妻がより夫から愛される妻に変わるのが妻自身の責任です。先に説明した「男性が求める理想的女性」の特質を備えていくにつれ、夫はそんな妻を愛《いと》おしく思い、喜ばせたいと思います。そうすると「まるで魔法でもかけたかのように」（実践した女性の表現です）夫が変わっていくのです。

信教の自由

自由の中でも信教の自由は、男性にとって特に重要だといいます。『新・良妻賢母のすすめ』には、ある信仰を持った婦人が、夫にも同じ信仰を持ってほしくて、宣教師と打ち合わせをし、夕食時に訪問してもらうようセッティングした話が載っています。夫ははめられたと思い、窓から逃げ出し、家出してしまいます。三日後に見つかり、妻が二度と宗教の話はしないという約束をして、ようやく家に戻りました。その後、家出をした時に知り合った男性信者から話を聞いた夫は、妻と同じ信仰を持つようになります。夫の言葉です。「教会のことをもっと知りたいと思っていたんですが、妻からは聞きたくなかったんです」。

この「**あるがまま受け入れる**」という原則を、信仰に関しても当てはめましょう。夫を伝道したいのであるがまま受け入れるというのでは、本当の意味で受け入れていることにはなりません。信仰を持つよう変わってほしいと願っているのですから。夫が信仰熱心でも、付き合い程度でも、黙認でも、反対でも、その点も全部含めて今のままの夫を受け入れるのです。もちろん、夫が同じ信仰を持ってくれることを願い続け、祈り続けてよいのですが、仮に持ってくれなくても、自分にとっては大切な愛する夫であり伴侶であることに変わりはない、というスタンスです。信仰に関しても、ご主人が深呼吸できるようにしてあげてください。

男性は信教の自由には想像以上に敏感で、自分をコントロールしようとする気配をちょっとでも感じれば、反発します。

信仰歴十年ほどの婦人が、ご主人を教会に連れて来られました。彼女が信仰を持った当時、ご主人は「俺まで巻き込むなよ」と言ったそうです。以来、その時まで黙認状態。心にバリアーを張りながらも教会に来られたご主人に聞いてみました。「奥様は、教会に来られるようになっていかがですか？」。ご主人の答えです。「性格は良くなりましたね」。さらに、「親族の問題で話し合った時、妻の言うことがもっともだと思いました。夫婦で同じ価値観を持つことは大事かなと……」と勉強を始められたのです。

また、『新・良妻賢母のすすめ』にも、これと通じるような実例が載っています。異なる信仰を持った男性と結婚する女性に対して、賢者が与えたアドバイスは、「信仰の違いを問題にしてはいけません。……自分の信仰をしっかりもって、その**教えの生きた模範**となりなさい」。

ある六十代の既成祝福家庭のご婦人からとても素晴らしい証《あか》しを聞きました。熱心にみ旨を歩んでこられた方で、お子さんたちも信仰二世として立っておられます。常に夫を立てて一度もけんかをしたことがない。一日四回ハグをし、愛の言葉を交わす。育った環境で満たされないままきた夫の情の世界を、見事に埋めて満たしてあげている。幸せを感じているご主人は、奥様を好きにさせてくれているそうです。

信仰の篤《あつ》い男性の中には、真のお母様の代身として妻の意見を尊重される方もおられるでしょう。妻は、尋ねられたら意見を言うのはよいのです。でも、聞かれる前からあれこれ言っては、男性はうれしくありません。

自分が正しいと思い込んでいないか?

独り善がりにならないよう気をつけましょう。自分の判断が正しい、自分が夫より優れている、より信仰的だ、と思い込み、その立場から夫を裁いたりしてはいけません。一般的に、女性はこの傾向が男性よりも強いようです。「正しい私」が「間違っているあなた」に物申す、というスタンスを取ってはいないか、振り返りましょう。夫が自分と意見が違うとき、自分の良しとする行動をとらないとき、もしかして自分の知らない事情があってそう判断しているのかもしれない、自分は何か見落としをしているかもしれない……など、常に他の考えが入るスペースを残しておきましょう。往々にして、男性のほうがより広い視野から客観的に物事を判断しています。自分の判断と夫の判断が違うからといって、自分が正しいとは限らないのです。

相手を受け入れるには、〝謙虚〟でなければなりません。

この原則に取り組んで格闘する中で、多くの女性たちが、「むしろ主人のほうがあるがままの私を受け入れてくれていました」と実感しています。そういう〝気づき〟があると、夫に対する見方が大きく変わります。

それまで相手に不満を持ち、責めていたのが、この原則を実践しようとしてもできない自分の不足に気づき、視線が自分に向かうようになります。同時に、相手に対しては長所を見ようとしますので、それまで見過ごしていた、あるいは当然と思っていた夫の良い点を再発見し、イライラが減り、受け入れられるようになっていきます。妻が穏やかになると、夫もリラックスできるんですね。

結果、夫婦双方ともストレスが減り、喜びが増えていくのです。

やがて幸せが訪れる

受け入れることは、一朝一夕にできるものではありません。神様から力を頂きながらの実践です。すぐに良い反応を示してくれるご主人もいれば、警戒して無反応の場合もあります。（心の中では反応しています）

頑張り続ける気力がなくなる時もあるでしょう。それでも続けていくと、夫婦関係は著しく改善します。夫は自由に妻を愛するようになり、それまで見たこともなかった側面を見せてくれるようになります。実践した女性たちから出る言葉は、「不思議〜、魔法みたい」「ビックリ」「ミラクル……」などです。

一般的には、夫が浮気をしている場合、妻は大変な苦しみを味わいますが、そんな中でも「受け入れる」努力をしていくうちに、「夫が相手の女性と幸せならば、それも受け入れよう」という境地に達する人たちがいます。そうすると不思議なことに、夫が相手の女性と縁を切り、妻の元に帰ってくる、というのです。

長い人生、いろいろなことがあります。きょう受け入れられたと思っていても、あす何かが起こって、夫の違う側面が出てくるかもしれません。そんなとき、私も最初は昔の癖で葛藤しますが、「あ、そう思うのは主人の自由だし、主人が決めることだ。私の責任はそれを尊重し、信じることだった」と原則に返ると、心が楽になります。そして、結果もオ～ライになりますよ。

●実践課題

1　小言・批判・プッシュ・ほのめかしなど、夫への否定的言動を控える

形からでいいのです。何か言いたくなったら、言ってもマイナス効果しか生まれないことを思い出して、口に出すのをこらえましょう。それだけで、ご主人にとっては居心地がよくなります。

2　欠点リストを作る

自分がイライラしてしまう夫の欠点や受け入れがたい事柄を書き出して、受け入れられな

い理由がどこにあるか整理し、一つずつ受け入れるよう取り組んでいきます。リストに挙げるのは、あくまで自分が受け入れられない欠点です。気にならない欠点は挙げる必要はありません。

3　非を認めて謝る

夫婦関係が長い間難しくなっていて、相手が心を閉ざしてしまっている場合は、まず自分の非を認めて謝ることが大事です。こんなふうに言ってみてください。

「あなたのような人が夫でうれしいわ。今まであなたのことを理解しないで、自分は間違ったことをたくさんしてきたって分かったの。でも、あなたが私の思いどおりにならなくてよかった。私に振り回されずに、あなたは自分の信念を貫くガッツがあった。今まであなたのことを理解せずにきたことを許してくれる？　私、良い妻になるよう努力するわ」

具体的事例を挙げて謝ったり感謝すれば、より誠意が伝わります。ちゃんと言えるように、伝えたいことをメモに書いて臨む人もいます。夫の反応は様々で、無反応の人（表向き）、ビックリしてどう反応していいか分からない人、うれしさのあまり涙する人、その瞬間に愛が復活する人、など。どう反応するかは夫の自由、結果は夫に任せて、思いを伝えるという実践に集中してください。勇気が要るでしょうが、大切な一歩です。その土台はあくまでも「受け入れる」ことですので、批判をやめて感謝と称賛を日々夫に伝えることと並行して行ってください。

Ⅲ 男として感じる最高の喜びとは

長所を見て、感謝する

「あるがままを受け入れる」原則を実践しておられる方は、既に次のステップに入っています。そう、受け入れると自然に相手の長所が見えてきますね。

二つ目の原則は、「夫の長所を積極的に認めて、そんな彼と彼がしてくれることに対して感謝すること」です。

彼という人間の**良さを正しく理解**し、理解していることを伝えましょう。私たちは、自分のことを**分かってくれる**人に心を開きます。自分の課題にぴったりのみ言《ことば》に出合ったりすると、神様を感じます。「神様は、私のことを知ってくださっている、分かってくださっている！」と感動し、時に熱い涙が溢《あふ》れます。

真《まこと》の父母様との出会いも、そうですね。自分が心の中で思ったことにお父様が反応してくださると、天にも昇るような喜びを感じます。

先日、ある姉妹に一冊の本を送りました。その内容が彼女の内面にぴったりだったようで、電話で「どうして私のこと、知っているんですか？」とうれしそうに言ってきました。私は単に良い本だから送っただけですが、背後に神様がいらしたんでしょうね。

この「分かってくれている」という信頼関係が夫婦間にあると、二人の結び付きは強くなり、互いが一緒にいて心地良い存在になります。とりわけ、「自分の長所、努力している点を分かってくれている、認めて受け入れてくれている」という実感は、善の方向に進もうとする力を与えてくれます。

逆に、「どうせ言ったって分かってくれない」「あの人に話すんじゃなかった」となったら、心は閉ざされ、その関係は表面的なものや、ぎくしゃくしたものになります。授受作用が途切れれば、力は湧いてきません。

次に、「**感謝する**」とどうなるでしょうか。一つの例を見てみましょう。

突然夫から離婚を求められた妻が、ある夫婦カウンセラーに助けを求めました。カウンセラーは、彼女に一つの課題を与えました。毎日、「夫の長所、夫にしてもらったこと、夫の好きな点、夫と一緒にやってみたいこと」を書き出しなさい、というのです。長所は二十、他の項目も十以上挙げるようにとのこと。一日一枚、その記入シートに書き込んでいきます。

彼女はそれまで、あれこれと夫に指示したり、不平を言ったりしていました。「もう我慢できない、限界だ。離婚したい！」。それに嫌気が差した夫の突然の離婚宣告。自分こそ我慢してきたと思っていた妻はビックリです！

彼女は夫の長所を挙げようとしますが、浮かんできません。夫の長所なんて考えたこともなかったそうです。初日は一つしか書けませんでした。夫が自分たちのためにしてくれること？　やはり、一つしか書けません。

五日目にようやく複数に。それを通して、いかに自分が夫を知らなかったか、分かっていなかったかに気づきます。シートに書き込むため、夫をよく観察するようになりました。全部埋まったのは約一カ月後。課題シートが埋まっていくのに比例して、夫婦関係も穏やかになりました。夫の良さに気づき、夫がしてくれたことに感謝するようになると、自然と夫に対する態度が変わり、そんな妻を見て夫は離婚を思いとどまりました。

以上は、あるテレビ番組で紹介されたケースです。

たった一つのことをやり抜いただけで、離婚の危機が克服され、夫婦関係は修復されました。〝感謝〟の力ってスゴイですね！

相手の欠点ややってくれないことばかりに目が行くと、イライラし、腹が立ちます。相手はもちろん、自分も気分が良くありません。逆に、長所に目が行き、感謝を伝えると、相手ばかりでなく自分自身の気分も良いのです。

心は葛藤しながらも、「感謝、感謝」と自分に言い聞かせるだけでは、心の転換はできません。記入するという具体的行動が鍵なのです。

他の誰が分かってくれなくても、妻だけは自分の努力や思いを分かってくれて、感謝してくれる。そんな妻はとても愛《いと》おしい存在です。愛おしい存在には、何かして喜ばせたくなりますね。妻が小言や批判を言っていたときは頼んでもやってくれなかった夫が、感謝するようになると、言わなくてもいろいろと手伝ってくれるようになった、という話はたくさん聞きます。

感謝のポイント

夫の真の価値は、地位や立場、外見、収入など、表面的なものではありませんし、妻の願う〝夫像〟に当てはまるかどうかでもありません。

まず、彼の人柄、人間性で良い点を認めましょう。ために生きる姿勢や、克己心、責任感、勤勉、忍耐力、勇気、誠実さ、信仰姿勢など、具体的に認めて褒めると、彼はさらに人間的に成長し、二人の結び付きも強くなります。

また、知性面で評価されるのも男性はうれしいのです。ただし、学歴と直結するわけではありません。豊富な知識や判断力、生きる上での様々な知恵を見ていきましょう。科学技術などが目覚ましく発展するこの時代、常に新しい知識を吸収していかなければ、仕事を全うすることはできません。働く男性の多くは、豊富な専門知識を持っています。

そして、彼があなたのためにしてくれることに感謝しましょう。荷物を持ってくれたり、家事を手伝ってくれたり、子供の相手をしてくれたり、たくさんしてくれていることに気づくでしょう。事の大小にかかわらず、その都度感謝しましょう。

あなたが毎日食事を作って、「おいしいね」「ごちそうさま」と、その都度言ってもらったらうれしいでしょう？　妻だから作るのが当たり前、という態度を取られたら、作る気が半減しますよね？　それと同様に、夫も家事を手伝って当たり前、夫だから家族を養って当たり前、という態度で接したら、相手もうれしくありません。生計を立てるための日々の努力に感謝することは、とりわけ大事です。

私たちは日々の祈りで神様に感謝します。小さな恵みにも喜んで感謝すれば、神様はもっと与えたくなる、と学びました。同様に、夫にも日々の生活で感謝しましょう。ちょっとしたことで妻が喜んでくれるのを見ると、夫はうれしくなり、もっと喜ばせたくなります。そして妻を一層愛《いと》おしく思うようになるのです。

尊敬し、称賛する

「あ〜、誰か俺のこと褒めてくれないかな〜」

男だけのお酒の場くらいでしか聞けない、多くの男性の心の叫びです。

人間性を評価するのに加えて（あるいはそれ以上に）、彼を**尊敬し、男として称賛する**ことは欠かすことのできない幸福の原則です。

女性が女性として愛されたいように、彼らは男性として称賛されたいのです。この本性的欲求の違いを知らないと、女性が一生懸命男性に愛し尽くしても反応がイマイチ、となります。自分の欲しいものを与えていて、相手の一番欲しいものを与えていないからです。

神様は、男性を愛の主体として立てられました。男性から愛を受けて、女性は美を返す。その返ってきた美に刺激され、もっと愛を与えたくなる。愛された女性は一層美しく輝く。この本然の授受作用が始まるきっかけとして、まず女性側から称賛をもって男性に働きかけましょう。**女性が称賛すると、男性は愛でもって応えます。**

自分の夫は主体的でないし、男らしくない、頼りない、などと嘆く前に、旦那様の男らしい点を見つけて褒めてみてください。称賛されれば自信が生まれてきます。自信を持てば、生き生きとし、主体的にリードするようになっていくのです。まるでスイッチが入ったように夫が生き生きしてきた、という体験談もあります。

男の子を育てる上でも、男性的側面を褒めることはとても大切です。自尊感情が育まれ、情が安定し、試練に遭っても立ち直る力が備わります。

女性は、男性がどれほど称賛を欲しているか想像もつきません。「男は単純ですよ、褒められたらほいほいやっちゃいますよ」と男性陣は言います。「妻が褒めてくれないんですよ。だから僕の成長は止まっちゃってます」と嘆く愛妻家タレントさんもいますね。ある責任者は、「そうだ！　男は称賛されたいんだ！　称賛されれば木にでも登る！」とおっしゃっていました。

男性は褒められたい、それも**妻から、愛する女性から褒められたい、尊敬されたい**んです！

称賛は男性にとって〝命のパン〟との例えもあります。その〝パン〟を妻が与えないと、飢えた男性はお金を払ってでも、偽りだと分かっていても、外で〝パン〟を得ようとするのです。

称賛のポイント

男性的な体格、技術・能力、実績、夢・目標、性格、男性の役割など、男らしい点を褒めてください。皆さんも、「優しいね」と言われるより「きれいだね」「可愛いね」と言われるほうが女としてうれしいでしょう？　同様に、男性も、「親切ね」と、人として褒められてももちろんうれしいのですが、「頼もしいわね」と、男として褒められると、別次元の喜びを感じます。

なぜでしょうか？

それは自分を男だと感じるからです。**自分を男だと実感できることは、男性にとって最高の喜びの一つです**。それを与えてくれる女性は、その男性にとって幸福に欠かせない存在となり、彼女への優しい愛情が彼の内に呼び起こされるのです。真のお父様も、「男性は、自分を男だと感じさせてくれる女性に惹《ひ》かれるのです」とおっしゃっています。

男性は、〝強さ〟に関心があります。たくましい体、強い精神力、大きな夢や構想を称賛しましょう。

中でも、男性にとって、何かを成し遂げた時に感じる**達成感**はとても重要です。自信や誇りを持てるようになり、充実感を覚えます。男性は女性と違って、具体的結果を重視します。それは自己の能力証明でもあるのです。ですから、夫が昇進した、目標を達成した、プロジェクトなどが成功したときなどは、惜しみなく称賛しましょう。あまり褒めて夫が慢心してはいけない、などと余計な心配はしないでください。けなしたり足を引っ張る人は周りにいくらでもいます。自分の中の不安や弱さとも闘ってきたことでしょう。妻だけは、その苦労と努力を分かってあげて、それが実を結んだ時は共に喜びたたえてください。

ご主人が信仰の道で何かを成し遂げたときでも、「栄光在天ね」「謙虚にならなくては……」「奪われちゃうわよ」などと言ってはいけません。それは牧会者の方にお任せして、妻はひたすら共に喜び、称賛してください。

夫の〝ツボ〟を見つける

「夫の男らしい点は？」と聞かれてすぐにいろいろ挙げられますか？　褒める事柄を見つけましょう。まず、ご主人のことを考える時間を取ります。彼の男らしい特質や能力、これまで通過してきた事柄について考えます。いろいろなことに気づくでしょう。また、意識してよく観察してみてください。

皆さんのご主人は、逞《たくま》しい体を褒めてもあまりうれしそうにしないかもしれません。でも、気落ちしないでください。ポイントは、「褒めてほしいことを褒める」のです。ご主人がどの点を一番認めて褒めてほしいと思っているのか、いろいろと褒めてみて反応を見なければ、〝ツボ〟は分かりません。まずは、男らしい点をリストアップして、機会あるごとに称賛しましょう。（ただし、あまり大げさな褒め方はお勧めできません）

称賛の最大のチャンスは、彼が自分のことや興味のあること、外であったことを話している時です。難しい仕事の話をしたら、それをこなしている彼の能力や頑張りをたたえましょう。正しい聞き方をすれば、あなたに話をするのが喜びとなり、あなたはより一層大切な存在になります。

聞き上手になる

言葉や話の内容だけでなく、熱意や努力、工夫やアイディア、知性や経験に基づいた知識、そこに表れる人間性に注目しましょう。

自分には分からない、関心がない話題だ、と言って聞くのをやめないでください。称賛するのは話の中身ではなく、彼という人間、特に男らしさです。逆に話題に入り過ぎて、議論になってしまってはいけません。

彼を少し見上げるような角度で聞きましょう。「へえー、知らなかった」「そうなんだー」という言葉を時々間に入れながら聞いてみてください（これ、お勧めです！）。彼は嬉々《きき》として話し続けることでしょう。

女性が男性の話に耳を傾けると、話し手の男性は何とも言えない幸福感を覚えます。それは女性だけが与えられる喜びで、会話の時間がとても楽しくなるでしょう。彼女への愛が高まることは言うまでもありません。

ある女性は、普段ご主人の隣に座って会話していましたが、この聞き方を実践しようと、ご主人の向かいに座って、少し見上げる角度で聞いてみました。すると、ご主人が話す、話す！　そして、ちらっちらっと時々奥さんの顔を伺うその眼差《まなざ》しを見て、彼女は「あ、私、愛されている！」と感じたそうです。この聞き方をすると、ご主人もうれしい、妻もうれしいとなって、愛が育まれるのです。

夫のことを一番に

男性には、妻にとって自分が一番大切な存在でありたいという強い欲求があります。「この欲求は意識的なものとは限りませんが、潜在的にあって、妻が子供や家事、仕事などを優先して、これが満たされないでいると、突然、顔を覗《のぞ》かせます」（『新・良妻賢母のすすめ』）

男性はわがままだなどと思わないでください。神様がそのように創られたのです。夫のことを最優先して、太陽の位置に立てるのが、夫のみならず、妻にとっても子供たちにとっても幸せにつながる道なのです。

神様のみ旨を知った私たちは、当然それを最優先します。ご主人が信仰的ならば、理解も示すし、そんな妻を尊敬もするでしょう。でも、寂しく思うことも事実です。

復帰されていないご主人ならば、一番どころか、み旨、子供、家事の次くらいに置かれては、恨みを抱くことさえあり得ます。

子供のことに一生懸命になるあまり、夫を後方に押しやってしまうことはないでしょうか？決して夫を粗雑に扱ったつもりはないけれど、妻の意識の中で夫が子供の次に来ると、本来優しい夫でも性格的に難しくなってしまったり、家に自分の居場所がないと感じて、外に慰めを求めてしまうこともあります。

「原理本体論」教育の講義の中で、「女性が、自分の夫より息子を愛したら引っかかる」と伺いました。「本来、親の愛よりも夫婦の愛のほうが強い」とも。

妻の仕事や教会活動に対し、夫は理解を示し応援してくれることもあるでしょう。妻が楽しく生き生きやっているならいいと思って。たとえそうであっても、妻が自分の仕事や活動よりも、夫の平安と幸福のほうを大切に思っている、と彼が安心できるように努めなければなりません。そうすれば、案外、夫の協力を得られるものです。

もう一つ、核家族化と少子化が進む近年では、夫婦それぞれの親との関係で夫婦間が難しくなっているケースが少なくありません。嫁姑問題《よめしゅうとめ》は、古今東西を問わずありますが、妻が実家との関係を優先し過ぎて、夫が疎外感を感じたり居場所をなくしたりしているケースもよく聞きます（国民的漫画『サザエさん』のマスオさんは極めて稀《まれ》なケースだと思います）。逆に、「母親が重たい」などという話もよく聞きます。

私たちは様々な人間関係が絡み合う中で生きていますが、優先順位を間違えると、関係に問題が生じるのです。親は、息子が嫁をもらえば、あれこれ口出しすることをやめて一歩引き、息子が一家の長として自立できるようにしなければなりません。支え手の役割はお嫁さんに移行したのですから。また妻は、結婚後は自分の主体は親から夫に移行しますので、第一の相談相手は夫です。夫を無視して、あれこれ実家に相談したり実家を頼ってはいけません。

夫婦関係―子供との関係―親との関係、これが家族が円満にいくための優先順位です。まずは夫婦間の愛と信頼を育て、二人一緒になって子供のことを考え、二人一緒に双方の親に孝行したらいいのです。

帰宅した夫の迎え方

一日の仕事を終えて、心身共に疲れて帰って来る夫を迎える時は、あなたが夫を大切に思っていることを表すとても良い機会です。

夕食の準備を終え、きれいに片付いた家に迎えられるよう努めましょう。玄関まで出て行って、（両手を広げて）笑顔で迎えます。ねぎらいの言葉とともに、ハグするのもお勧めです。ポイントは、「帰ってきてくれてうれしい」というメッセージが伝わること。ゆったりくつろげて、おいしい食事で癒やされることもとても大切です。

夫が帰るなり、あなたが話したいこと、その日あったことや相談事をぶつけてはいけません。それでは疲れを取る暇もありません。彼が一息つき、彼が話したいことがあれば、先にそれを聞きましょう。そうしてリラックスした後で、あなたが話し始めるのです。子供のお願い事なども同じです。そのほうが彼も気持ちよく対応してくれるでしょう。

言葉だけ聞くと大変そうなこの原則、実は実践すると、とっても楽ちんな世界が待っています。**あなたが彼を大切にすると、彼はそれ以上にあなたを大切にしてくれる**からです。「こんなにやってもらっていいの？」と感じるほどです。

男性は本来、神様の代身であると私たちは学びました。「夫を天のように思いなさい」とのみ言もありますね。ですから天のように接するのです。「夫を最優先したら、私を驚くほど大切にしてくれるようになりました」との感想もたくさん寄せられています。

神様が定めた本然の位置を尊重すると、家庭の中に愛の秩序が立って、愛が流れるようになります。そして、その愛で子供たちも健やかに育っていくのです。

●実践課題

1 夫の長所、夫がしてくれることを書き出し、感謝の気持ちを伝える

彼の人柄、人間性、知識、彼がしてくれること、過去にしてくれたことのリストを作りましょう。毎日「ありがとう」をたくさん言ってください。

2 夫の男らしい点を書き出し、称賛する

この点もリストアップしてください。「称賛」は日々の食べ物だと思って、彼が飢えることがないようにしましょう。男らしい点に気づいたら、その時、その場で躊躇《ちゅうちょ》せず褒めましょう。

3 生活の様々な場面で夫のことを最優先する

「あなたは私の人生で一番大切な人よ」と伝えましょう。

4　夫を喜んで迎える

毎日、玄関まで出て行って、笑顔で迎えましょう。迎え方も工夫してください。

Ⅳ 本性に根差した役割分担

リーダーシップはどちらに？

私には長い間、疑問に思っていたことがありました。女性は、「真《まこと》のお母様の妹」「分身」と言われます。真のお母様は御聖婚以来、真のお父様に対して相対としての絶対基準を立ててこられました。一方、女性は、真のお父様と一体となりつつ、自分の夫に関しては天使長の立場から息子、夫へと生み変え育てていく、と学びました。妻が先頭に立って摂理を進め、夫はそれを協助する、とも。

真のお父様の相対圏に立つという点では同じかもしれませんが、自分の夫に対して立てる心情の基準が、お父様に対するお母様の基準とは違うのかなぁと、何となくしっくりこなかったのです。

『新・良妻賢母のすすめ』を読んでみると、家庭においては**夫が導き手**である、と明言してあり、その根拠となる聖句を挙げています。

「妻たる者よ、夫に仕えなさい。それが、主にある者にふさわしいことである。夫たる者よ、妻を愛しなさい」（コロサイ人への手紙3章18－19節）

さらには、仮に夫に信仰がなくても、神があなたの主体として与えた夫であるから、その背後の神を信じて夫に従いなさいと説いています。

「妻たる者よ、夫に仕えなさい。そうすれば、たとい御言《みことば》に従わない夫であっても、あなたがたのうやうやしく清い行いを見て、その妻の無言の行いによって、救《すくい》に入れられるようになるであろう」（ペテロ第一の手紙3章1－2節）

そう思ってお父様のみ言を読んでいると、先に引用した「女性が能動的、主導的立場から降りて、本来の相対的、受動的立場に戻らなければ、すべての男性を失ってしまうことでしょう」（「創立以前の内的教会史」、1977年5月1日）というみ言に出合いました。

最初は天使長の立場にある夫も、いずれは本然のアダムの立場に帰っていかなければなりません。やはり私たち女性も真のお母様のように、自分の夫に対して対象としての立場を全うする歩みをし、その心情圏を味わうのではないでしょうか。

天与の役割

先のみ言にあるように、夫婦関係において能動的・主導的立場にあるのは男性です。家庭では**夫がリーダーシップを取り、家族を守り、養う**のが本性に適《かな》ったあり方でしょう。**妻は夫を支え、母、主婦の務め**を果たします。これは単なる風習や伝統の産物ではなく、天与のもので、本性的にその役割を果たしたいと願います。

この本性が求める各自の役割分担を、夫婦それぞれが真心を込めて実践すると、結婚生活は大変うまくいきます。これもまた、お互いの愛が育まれる、幸福の原則なのです。

逆に、自分の役割を十分に果たせなかったり、相手の役割に踏み込んだり、取ってしまったり、相手がきちんとできるか心配し過ぎたりすると、夫婦関係に支障をきたします。

まずは、各自が**自分の立ち位置を正しく理解し、受け入れる**ことが大切です。

ヒーローになりたい

男性は自分の**役割を立派に果たしたい**、果たしてこそ男として一人前、という思いが無意識のうちにあります。

男性は、一家の長として家族を導き、危険や困難から家族を守り、世間並みの快適な暮らしを家族にさせてやりたいと思います。それができる目途が立たないとなかなか結婚に踏み切れないのですが、その本性的欲求を理解しない女性は、「私も働いて支えるから」と言ってプライドを傷つけたり、「本当はそれほど私のこと好きじゃないんでしょ」と誤解してしまうのです。

女性が精神的、経済的に自立するようになると、夫を必要としなくなります。男として**必要とされていると感じたい**、役に立ちたいという欲求は非常に強いので、必要とされなくなると、自分の存在価値に疑問を抱いたり、ひいては妻への愛情も損なわれていきます。「君は僕がいなくても生きていける」と言って、女性の元を去る男性は決して少なくありません。

また、男性は自分の専門分野や男性的な技術・能力が必要とされる分野で**女性より優れていたい**と願います。その分野で妻のほうが優れていたり、高い地位や高給を得ていたりすると、男性のプライドが傷つき、愛情にも影響します。

自分の役割を立派に果たして、妻子から「お父さん、すご〜い！」とたたえられ尊敬されるのが、どれほどの喜びでしょうか。男性は、家族のヒーローになりたいのです。

妻は夫の役割に踏み込まない

女性が男性の役割を取ると、夫は、必要とされている実感も、男としての自覚も薄くなります。男としての成長、達成感、自己価値観が奪われ、男らしさが失われていきます。逆に妻は男っぽくなり、ストレスが増し、女性らしさ、優しさが薄れ、やがては女としての魅力が失《う》せていきます。そういう妻を見て、夫の中に妻への愛が湧いてくるはずはありません。子供たちに手本となる男性像・女性像を示すこともできません。

夫の役割に踏み込まないことを肝に銘じてください。夫が役割をちゃんと果たしているかチェックしたり、心配し過ぎてはいけません。それは夫を信頼していないことを示します。完璧さを要求せず、忍耐して大目に見てください。失敗しても手を貸さず、その結果への対処も彼に任せるのです。

役割を果たそうと頑張っている夫に感謝を表しましょう。妻からの感謝は大きな支えとなります。

あなたがもし男の役割の一部をしていたら、極力やめるようにしましょう。やらざるを得ない場合は、彼に勝らないように、また女らしくやってください。

最終決定権は夫に

男性が一家の長であり、リーダーです。もちろん妻や子供たちは自分の思いや意見を言ってよいのですが、意見が異なる場合、**最終決定権は夫にあります**。繰り返し言いますが、これが幸福の原則であり、男性の中に愛を呼び覚ます道なのです。

アメリカにテイラー・コールドウェルという作家がいました。彼女は幼い頃から、「女も男に負けず自立し働け」と、母親に厳しく育てられますが、それが嫌でたまりませんでした。一方、叔母は家庭婦人の典型のような人で、コールドウェルは叔母のような幸せな結婚を夢見ていました。

やがて恋人ができ、彼からのプロポーズを待っていました。しかし、彼は「君との結婚は無理だ、家庭にリーダーは二人要らない」という悲しい結論を出したのでした。

男性から愛され、慈しまれ、守られることをどんなに夢見ても、いつの間にか身についた強過ぎる自立心が男性を遠ざけてしまったのです。彼女は導き手としての彼の欲求を満たす術《すべ》を知らず、愛を得ることができませんでした。

夫の判断を信頼できず、不安を覚える方もおられるでしょう。夫が自分勝手にやらないか、自分や子供の事情が分かっていないのではないか、などなど。

これまでお話しした原則を実践していけば、その不安は無用です。**夫をあるがまま受け入れ、長所を見て感謝し、男として称賛し、最優先する――**。すべて、彼の創造本性を刺激し、愛と喜びを湧き起こす内容です。家族を愛する男性は、愛する対象にとって最善となるような決定を心がけると思いませんか？

講座で、「男性に最終決定権があるなんて、男はいいなぁって思いますか？」と女性たちに尋ねると、うなずく人はごく僅かです。ほとんどの女性は、そこには重い責任が伴い、時には勇気が要ることを分かっているからです。

自分の決断が家族の今後を左右するかもしれないと思えば、恐ろしくなることもあるでしょう。そんな時、妻の理解と支えはどれほど貴いでしょうか？

主人が何も決めてくれない、妻任せで頼りない、と嘆く前に、支え手として、以下のような努力をしてみてください。

夫を信頼する

もしあなたが、これまでほとんどのことを決めていたなら、それをやめなければなりません。**主導権を手放す**のです。

自分のやり方で計画、決定して、夫は事後承諾。一応夫に相談はするものの、最終的には自分の思うように物事を進めてしまう。

夫が反対したとき、口論になる。夫が主体だと頭では知りつつも、自分の判断のほうが確かだと思い込んで、説得しようとしたり、圧力をかけたりする。夫に判断を任せようとするものの、結局、心配で詮索したり、あれこれとアドバイスする。

これらに思い当たることがあれば、改めましょう。信頼の欠如を表していることに、お気づきでしょうか？　女性は心配性なので、あれこれ言い過ぎる傾向がありますが、男性は喜びません。**求められない限りはアドバイスしない**よう心がけましょう。

ある婦人のご主人は、突然仕事を辞め、六年近く働かなかったことがありました。その後自営業を営むようになり、彼女はそれを手伝いますが、夫を養い手として心の底から認められないでいました。自分がちゃんと段取りしなければ、自分が頑張らなければと考えがちで、ご主人にあれこれと指示していました。

そんな彼女が、「夫を導き手・守り手・養い手として立てる」ことを学び、ご主人に指示することをやめたところ、ご主人自ら段取りして意欲的に頑張るようになったそうです。ご主人に頼まれたことは優先して行うようにしたら、すごく喜んでくれ、彼女のことも随分気遣ってくれるようになりました。その上、仕事の依頼も増えたとのこと！　夫に対して、頼れない人、と思っていた自分が問題だった、と気づいたといいます。

神様は夫を導いてくださる

まず、一家の長としての夫の立場を尊重し、子供にもそう教えましょう。

次に、物事の判断や決定を、常に夫に仰ぐことを習慣にします（ただし、主婦の守備範囲内の細かいことまでいちいち尋ねてはいけません）。その際、「――は、どうする？」と事情だけ説明し、答えは白紙状態で尋ねます。「こうしようと思うんだけど、どう？」と自分なりの答えを出して尋ねれば、忙しいご主人は多少のことは妥協してＯＫを出しがちです。それでは、夫は知恵や判断力を発揮する機会がありませんし、妻の側からすれば、夫を称賛する機会が減ってしまいます。

私は先にお話しした自身の体験から、夫の判断を尊重し、それに従ったほうが、（たとえその時は賛成しかねるものであっても）自分や家族にとってより良い結果が出ることを実感しました。以来、何かあれば、「これ、どうする？」と尋ねるようにしています。

その場で答えが出ない場合、当初は主人が仕事から帰るなり、「ねぇ、あれどうしようか？」と答えを催促していました。すると主人はイライラしたり、不機嫌になります。女性は早く結論が欲しいんですね。でも、それはこちらのペース。あちらは一日会社で仕事に没頭し、私が尋ねたことを考える暇がなかったのかもしれません。

何回かの失敗を経て、私も学習しました。質問を投げかけたあとはせかさず、じっと待ちます。主人の考えるペースを尊重したのです。そうすると、二、三日後に「あれは、こうしよう」と向こうから言ってきてくれます。「分かった、そうするね」で一件落着。もちろん、良い結果が出るたびに夫の判断を称賛します。

物事の結果を心配するのは夫に任せ、妻は幼子のような信頼を寄せましょう。信頼されれば、夫はそれに応えようと頑張ります。信頼したいのにそれが難しいときは、夫の背後におられる神様を信じましょう。神様が夫を自分の主体として立てました。その夫を神様は導いてくださると信じるのです。そして夫のために祈りましょう。きっと、驚くような形でうまくいくでしょう。

真のお父様も、こう語られました。

「人格的な価値は、相対を中心として決定されるのです。したがって、夫になった人は妻の前に『神様よりも立派な方だ』と記憶されなければなりません。妻は、『私は神様を見ることができませんでしたが、私の夫を通して神様を見た』と言える女性にならなければなりません」（「人間の価値と天国の起源」、１９７１年11月21日）

「（妻は）『夫に反抗しない』、『夫に主管させてあげる』、その次には『夫に譲歩する』、その次には『夫を喜んで迎える』。そのようになれば、なぜ、妻を嫌いになることがあるでしょうか」（「理想相対」、１９６７年10月16日）

作家オーソン・プラットの言葉です。

「妻は、その是非にかかわらず、夫の判断に従うべきである。夫が正しいことをしたいと願いながら、仮に判断を誤っても、主は夫の意見に忠実であろうとした妻を祝福されるであろう。……従順でいなさい。神は万事をよい方向に導かれ、いずれ夫の過ちを正してくださる。……妻は夫の意見に従わないとき、神の霊を失うであろう」

考え、祈り、女らしく意見を言う

夫の決断に対して、あなたが何か思うところがあれば、それは言っていいのです。何でもかんでも従え、というのではありません。ただし、言う前にまず①しっかり**考え抜いて**ください。自分の思いが自己中心的でないか、単に不安なだけかなど、できれば一日おいて考えてみるのです。その結果、やはり夫に言うべきだと思ったら、次に②**祈って**ください。祈る中で自分の考えに確信が持てたら、彼が受け入れやすいように、③**女らしく伝えて**ください。

まずは質問しながら誘導します。「あなたはこんなふうに考えてるの?」など、〝あなた〟を使います。そうして彼に極力話させ、あなたは聞く側に回ります。話す過程で、彼が自分で答えを見つけたり、あなたが言わんとしていた点に気がつけば、それで終わりです。あなたは何も語る必要はありません。

自分の見解を言う時は、「〜と感じるの」「〜という気がするの」など、直感を表す言い方をしてください。男性は感覚や直感を表す表現には反論しません。

逆に、「〜と思うわ」「〜と分かっているわ」などの、男同士のような話し方は、議論に発展しかねませんので控えましょう。


男性はリードすることによって、男として自信をつけ、成長していきます。妻も、決定を夫に委ねると、心配や思い煩《わずら》いが減り、自分の役割をより上手にこなせます。そんな両親のもとで育った子供は、人間関係の基本的秩序を自《おの》ずと学び、社会への適応がよりスムーズになるのです。

ある六〇〇〇双の婦人は、子供たちに「お父さんの言うことは絶対正しいよ」と言って育てたそうです。そして子供たちは、「本当にそうだな」と思って育ちました。どの子も信仰面でまっすぐ立ち、学業面でもとても立派な成果を挙げ、成人した子供は社会人として頑張っています。

私はこの話を聞いた時、本当に感服しました。そう言い切って育てたお母さんも素晴らしいですし、その信頼に見事に応えてきたお父さんもすごいと思いませんか？

もし、これまでお子さんのことに自分一人で対処してきたなら、これからは自分で答えを出す前に、ご主人に相談してみてください。夫のほうがはるかにしっかり子供にアドバイスしてくれ、子供も自立しなければという自覚が芽生えてきた、といううれしい体験談が届いていますよ。

夫の前では可愛い妻に

男性は生まれながらに、女性を守らなければならないという義務感、騎士道精神を持っています。神様は男性を、女性より強く創られました。なぜでしょう？　その強さを持って、妻子を守るためです。守ってこそ、男なのです。

ところが現代の女性の多くは、男性の保護を必要としなくなっています。危険も顧みず、重労働にも従事し、難局にも立ち向かいます。そんな女性を守ろうとは、男性は思いません。

男性の助けが必要な女性、少なくとも必要と見える女性を守ってこそ、男性は喜びを感じる

のです。

もちろん、有能な女性はたくさんいますね。その能力を一切封印するように言っているのではありません。外ではしっかり活躍しつつも、夫の前では対象の立場に立ち、守ってあげたくなるような可愛い妻でいましょう、ということです。**優しく、女らしく振る舞い、夫を頼りましょう。**そうすれば、男性は喜んで騎士道精神を発揮します。

また男性には、生計を立てなければならないという強い責任感と、それを見事に果たしたいという思いも、生まれながらにあります。これを立派に果たすかどうかは、自分という人間の価値を実感する上で重要なのです。

中には、様々な理由から、家計は主に妻が支えている、というカップルもおられます。双方がその形を受け入れているなら問題ないでしょう。とはいえ、男としての欲求がないわけではありません。

男性が感じる扶養に対する責任感は、女性の想像をはるかに超えた重いものです。リストラされた場合、男性は自尊心がどれほど傷つくか、女性の比ではありません。そのことを家族に言えなくて、離職後もスーツを着て出勤するふりを続ける男性の話はよく聞きますね。

また、男性は持てる能力を発揮して良い仕事をしたいと思います。仕事が自己実現の場なのです。妻は、男性が持つステイタス願望や卓越性の追求に対しても理解を示し、支えていくことが大切です。

養い手としての夫の負担を軽くしたいと思う場合、まずは支出を削減しましょう。時には、これまでの生活水準を見直すことが必要かもしれません。主婦としてのスキルを発揮して、限られた予算でもおいしい、満たされる料理を作りましょう。夫が帰宅したら、リラックスできる環境を提供しましょう。そして愛される妻になって、守りがい、養いがいのある家族をつくってください。

●実践課題

1 自分が主導権を握っていた場合、それを手放し、夫に従う

今まで多くのことを自分の考え、やり方でしてきたことを夫に謝り、これからはリーダー

である夫の立場を尊重し、従うことを家族に伝えましょう。

2　女性の役割に徹するよう努め、男性的な仕事は家で一切やらない

自分の務めを一生懸命やりましょう。夫の役割には干渉しないよう気をつけましょう。重い物を持ち上げたい時などは、彼の力強さを頼りとしましょう。

3　養い、守ってくれていることに対して感謝と称賛を表す

例えば、「守ってくれる強い男性がいてくれてよかったわ。あなたがいない人生なんて、考えられないわ」。給料日には、「私たちのために今月も本当にご苦労さまでした。おかげで良い暮らしをさせてもらっています。ありがとうございます」など。

男性は皆から尊敬されたいと思っていますが、とりわけ望むのが妻からの尊敬です。彼はあなたのヒーローになりたいのです。

V

男性の自尊心と心の壁

「男性のプライドは傷つきやすい」とよく言われます。そう聞きつつも、自分の夫に対して、プライドを傷つけないように気をつけている女性はあまり多くないように感じます。なぜでしょう？　一つは、男性は傷ついてもそれをあまり表面に出さないから。もう一つは、男性と女性では傷つくポイントが違うからです。

男性のプライドがどのくらい傷つきやすいのか、どんなときに傷ついて、傷ついたらどんな影響が生じるのか？　円満な夫婦関係を築く上で、この点をしっかり知っておくことがとても大切です。

彼の自尊心が傷つく時

既にお話ししたように、男性は自分の男らしい点を称賛されることに最高の喜びを覚えます。そうであればこそ、逆に、**男性的な特質が否定されたり、自分の弱点を指摘されたりすると、自尊心が傷つきます。それは男性にとって最も不愉快な、痛ましい体験**であり、その痛みを与えた女性は、彼にとって非常に嫌な存在になるのです。

先に称賛すべきポイント（体格、能力、実績、目標、性格、役割）を挙げましたが、正にその点を、女性は傷つけないよう注意しなければいけません。

体格面で彼が気にしていることがあれば、それに触れないようにしましょう。また、本人は髭《ひげ》や胸毛が男らしいと密《ひそ》かに思っているのに、妻がそれを無視したり、嫌ったりすれば傷つきます。

機械類に不具合が生じ、彼が直そうとしている時に、「電器屋を呼んだら？」などと言ってはいけませんし、道を間違って地図を調べたりしている時に、「誰かに聞いたら？」と言うのも控えましょう（今はナビやスマホがあるので、こういうシーンは減ったかもしれません）。

男性脳は、空間的・立体的事柄を把握するのに優れていますので、道順が分からないというのは、男性的能力が欠如していると思う人がいるかもしれません。妻が助手席に座っていなければ、男はためらわず人に道を聞く、という人もいます。男のプライドって厄介だな、なんて思わないで、そういう特性だと理解して上手に対応しましょう。

仕事などでの実績や成功に対して、妻が冷淡に振る舞っても傷つきます。その日に成し遂げたことを妻に言いたくて跳んで家に帰ったのに、妻が忙しくて関心を示さず聞こうとしなければ、どれほど落胆するでしょうか。

彼が自分の夢や目標について語っている時、「もっと現実を見たら？」などと言って、冷水を浴びせたり、彼の能力を疑ったりしてはいけません。

性格面に関しても、「優柔不断なんだから」「意気地がないわね」「イエスマンね」などは禁句です。

一家の長としての役割を十分に果たしていないとか、他の人はもっとやっているなどと、決してほのめかしてはいけません。特に、彼の自尊心が最も危うくなるのが、稼ぎ手としてのプライドが傷つけられる時です。妻が「自分も働かないとやっていけない」「両親の援助がないと苦しい」「自分の物は何一つ買わずに頑張っているのに……」「～するゆとりはない」などと言えば、夫は表情には表さなくても、自分が否定されているように感じるのです。男性は、自分の妻子にいい暮らしをさせたいのですから。

傷ついた夫は、心の壁をつくる

妻が夫の最も敏感な部分に言及し、彼の自尊心が傷つくと、彼は**屈辱という痛み**を覚えます。グサッときたり、一瞬息が止まったり、押しつぶされるような感覚を覚えたり、感じ方は様々です。

この痛みが繰り返されると、自分を守るために、男性は自分の周りに**壁を築く**ことはよく知られています。殻に閉じこもるのです（「穴に入る」と表現する人もいます）。

そうなると厄介です。

壁の中でも、彼は称賛を求めて（飢えて）いることに変わりありません。〝命のパン〟を得るには壁の外に出て、自分の思いや実績をシェアしなければなりません。

とはいえ、もし話して、馬鹿にされたり冷ややかに扱われたら、という恐れもあります。全面的に理解し評価してくれ、共感を寄せてくれる相手にしか、安心して打ち明けることはできません。

話し出したとしても、相手の反応が好ましくないと、すぐまた壁の向こうに戻ってしまいます。

称賛されたい（殻から出たい）、傷つきたくない（殻という安全圏にいたい）、という逆の方向に向かう二つの思いが男性の中に共存しているので、女性は、急に冷淡になったりイライラしたりする彼の態度に戸惑うのです。

さらに、男性のプライドが長い期間にわたって傷つけられると、彼は自分を無関心・無感覚にすることで、己を守ろうとします。麻痺《まひ》させるのです。ところが、痛みに対して無感覚になると、喜びに対しても無感覚になってしまいます。うれしい出来事に対して反応しなくなり、生きる喜びを感じなくなってしまったら、なんと悲しいことでしょうか。

女性である私自身の経験から、男性の麻痺状態を思い巡らすには不十分だと思いますが、一生懸命尽くしたつもりが誤解されるなどして人間関係で傷つき疲れたとき、「もう、いいや……」と心の中で、その人との関係を切ったことがあります。それ以上傷つきたくないんですね。でも、同時に情の流れが止まるのを自分の中に感じました。心が固まる、と言うのでしょうか。愛の完成を目指しているはずなのだから、そんなふうになってはいけないと、少しずつ修正していきました。

「自尊心の生き物」とも言われる男性にとって、悪いこと、間違ったことをしている（した）という自覚とプライドを秤《はかり》にかけると、プライドのほうが重いのです。それで、何か失敗したとき、真実を隠したり、虚偽の説明をしたり、他人のせいにしたりします。白黒ハッキリさせたいと思う女性には、理解できず、受け止めがたい点でしょう。でも、男性がプライドを守るために見え透いた**嘘**《うそ》を言っているとき、追及して**彼を追い込まない**でください。かえって逆ギレしかねません。逃げ道を残してあげるのが賢いのです。あなたが、失敗を前にしたときの彼の自尊心を理解してあげれば、彼は不正直にならずに済むのです。

そんな男性が自分の過ちを正直に認めた場合は、**大変な勇気と謙虚さ**を要したということを慮《おもんぱか》って、受け止めてあげてください。決して、「やっぱりね」「分かってたわ」などと言ってはいけません。責めたい心があっても抑えて、失敗して既に傷ついている彼を、さらに傷つけないようにしましょう。

女性は、傷つけられたりしたとき、「謝ってほしい」と思いますよね。「一言謝ってくれたら気が済むのに。許せるのに……」と。それに対して男性は、謝罪の気持ちを態度で示します。家事を手伝ったり、プレゼントをしてくれたり。すると女性は、「そんなことでごまかして！」「ご機嫌を取ろうたって、だまされないわよ」と思います。

男性にとって謝るということは、弱さの表れであり、敗北に等しく、プライドへの打撃なのです。そのことを理解して、**彼なりの謝罪方法、言葉ではなく態度で示す謝罪を受け入れてください。**

中には、「ああ、ゴメン、ゴメン」とすぐに謝るご主人もいます。奥さんが何か言うと、すぐ謝る。そういう場合、それ以上の攻撃を避けるため、面倒な言い合いになるのを避けるために、とりあえず謝ってやり過ごすのです。ご主人は喜んでいませんし、心を開いていません。

夫の心の壁を崩すには

夫が自分の周りに壁をめぐらせていれば、理想的な夫婦関係は築けません。もしあなたの夫にこの壁があるなら、これまでお話しした原則を実践して、それを取り除く努力をしましょう。「どうして私に何も言ってくれないの?」と言って、彼を壁の外に無理やり引っ張り出そうとしてはいけません。

壁の原因となった負の言葉を控え、彼を受け入れて、感謝と称賛を注ぎましょう。

また、彼の前で**他人を批判しない**ように気をつけましょう。彼は、あなたが批判的で粗探しが得意な人間だと感じます。その批判的な目で自分も見られている、と思えば、彼は本当の自分をさらけ出す気にはなりません。

逆に、あなたが**他人の良い点を見つけて褒める**人であれば、自分のこともそういう目で見てくれていると安心し、本音を言いやすくなります。

そして、彼があなたにだけ思い切って打ち明けた**秘密は守り**ます。他の人に言ったりしたら、彼は二度とあなたに胸の内を明かすことはないでしょう。

男性のプライドがいかに傷つきやすいかを知れば、話をするとき、よくよく気をつけないといけないことが分かります。自分の思ったこと、言いたいことは何でも口にするというわけにはいきません。

女性は、男性の自尊心をどう扱うかで、彼を立派にすることもできれば、だめにすることもできるのです。彼のプライドを傷つけず、他人によって傷つけられた彼の傷を癒やしてあげてください。彼を称賛し、自信をつけてあげましょう。

夫の立場に立って考えてみる

誰もが聞き、使う、「相手の立場に立って……」という言葉。夫婦関係においてもやはり幸福の原則です。夫の立場に立って理解するよう努めましょう。

これまでお話ししてきた内容を受け止めたなら、既に皆さんはかなり彼のことが理解できていると思います。どうしてそんな行動を取るのか、そこにはどんな感情があるのか、見えるようになってきていませんか？

さらに一歩踏み込んで、夫の事情に思いを馳《は》せ、彼が生活全般でどんな事柄に直面しているかを理解するよう努めましょう。私たちは天の事情、心情を伝えられ、責任者の苦労を目の当たりにして、支えたいと思います。その一方で、職場が同じという方以外は、夫の苦労を目の前で見ることはありません。夫の事情、心情、その立場や苦労にどれだけ目を向け、理解しているでしょうか？

男性の役割とそれに関する欲求を念頭に、もし自分が夫だったらどう感じ、何を願うだろうか、と具体的に想像してみてください。

例えば、夫から七時頃に帰ると連絡があったのに、結局、八時過ぎに帰宅したとしましょう。待っているあなたからすれば、夕食が冷めてイライラし、「どこで寄り道しているのかしら？」と思うかもしれません。彼の立場になって想像してみると、家で穏やかでいるために、本屋やＣＤショップに寄って、ちょっとした気分転換が必要だったのかもしれません。

男同士の付き合いで出かける彼に、休日くらいゆっくりして日頃の疲れを取ってほしいとあなたは思うかもしれませんが、彼には友達との時間があなたの想像以上に大切なのです。

頼んだことをなかなかやってくれなくても、仕事で疲れてその余裕がないのだと、彼のペースに任せましょう。

そして、彼が帰りたくなる家庭をつくるのです。

家での姿、外での姿、どっちがホント？

妻が夫の男らしさを称賛しようと思っても、彼が家で見せる姿からは称賛できる点が見つけられないことがあります。ごろごろしてテレビばかり見ている、家のことに構わない、ちょっとしたことでイライラする、扱いづらい、わがまま、無作法、頼んだことを忘れる、子供を放っておく、などなど。

夫のそんな姿しか見たことのない妻は、他人が彼のことを称賛するのを聞いても信じられません。時には、外でばかりそんなにいい人ぶって、と不満を覚えたりします。

実は夫たちは、他人に対して良い自分を出すのに疲れてしまい、家ではリラックスして、欠点もそのままに素の自分でいたいのです。外では真面目で良い人で責任感のある彼も、家でつぶれている彼も、どちらも本当の彼なのですが、妻は後者のほうしか目にすることがなく、それが彼の真の姿だと思ってしまうのです。

穴に入っているのは妻のせいとは限らない

プライドが傷つくと男性は殻にこもる、と言いましたが、家で黙り込んでいる原因は様々です。仕事の成績不振や職場での人間関係などで落ち込んで帰宅するときもあります。「私、何か怒らせるようなことをしたのかしら？」と心配になってしまう妻もいるでしょう。仕事が原因だと分かっている場合は、「仕事の悩みを家まで持ち込まないで」とか、「私だって大変だったんだから」「私に当たらないでよ」などと思うかもしれません。

仕事で行き詰まっている男性は、人間関係まで気が回りません。そんなときは黙って、一人で静かに考えたいのです。ストレスが溜《た》まればしゃべりたい女性とは対照的です。そんなときは、放っておいてあげてください。自分の中で消化して、いずれ穴から出てきます。

普段は優しい夫がブスッとしているとき、夕食の場が気まずい空気になるかもしれません。でも、不機嫌でいさせてあげてください。外で無理していい人をやって、家でも無理して優しい家庭人をやっていたら、かわいそうでしょう？　本人だって、好きで不機嫌でいるわけではありませんし、場の空気を重くしているのも分かっているのです。でも、明るく振る舞う余力がないのです。私はこれを「不機嫌でいる権利」と呼んでいて、相手のペースで気持ちの転換がなされるのを待っています。

不機嫌が一日や二日で終わらず、しばらく続くこともあるでしょう。あるいは、健康面や将来への不安などで塞ぐこともあるかもしれません。そんなとき、あなたはどんな反応をしますか？

基本は、**彼の痛み・苦悩を共にしつつも、穴の外で普段どおりのあなたでいる**ことです。

心配性の女性は、何があったのか、どうして悩んでいるのか、知りたくて、力になりたくてたまりません。でも、男性にとって「相談する」＝「弱みを見せる」なので、「別に」「大丈夫だよ」くらいしか言わないことが往々にしてあります。無理に聞き出そうとせず、彼が話してくれるのを待ちましょう。事情が分かれば、彼の気持ちになって、彼がどんな世界を通過したのかを理解するよう努めます。彼の長所に変わらぬ信頼を寄せ、称賛し、自信を取り戻せるよう支えましょう。

励ますつもりであっても、「それほど大変な問題じゃないわよ」「気のせいじゃない」「感謝すべきことがたくさんあるでしょう、思い出してみたら？」などはＮＧです。彼のプライドはかえって傷つきます。大変な問題ではないのに、恵まれているのに落ち込んでいる自分、ということになってしまいますから。

求められもしないのに、彼に根掘り葉掘り質問し、カウンセラーのように分析し、アドバイスしてはいけません。彼に必要なのは、あなたの思いやり、あなたが彼の努力を分かってくれていること、あなたが大目に見てくれることなのです。

彼の苦しみに同情しつつも、一緒に落ち込んではいけません。彼が元気を取り戻すのに時間がかかる場合もあるでしょう。あなたの励ましの言葉に何の反応も示さないかもしれません。でも、間違いなく支えになっています。彼のペースで立ち直るのを待ってあげてください。

男性の性格も、落胆する理由も事情も、千差万別です。彼が失意の時、どんな言葉をかけたらいいのか途方に暮れることもあるでしょう。ただ、「誰にでもどんな場合にも通用する正しい声かけ」などというものはありません。日頃の勉強と実践を通して男性への理解を深め、夫のことをよく知り、そして天の父母様に祈っていきましょう。彼が力を落としている時、思わぬ「言葉」が天の父母様から与えられ、あなたの口から出てくるでしょう。

彼の本音が飛び出す時

さて、これまでお話しした幸福の原則を皆さんが実践し、夫婦関係が改善されていくと、夫が特異な反応を示すことがあります。妻の感謝や称賛の言葉に喜んでいた彼が、彼女に対して怒りや恨み、憎しみの情をぶつけてくるのです。

なぜそんなことが起こるのでしょうか?

妻が原則を実践し始める以前の彼は、自分の怒りを表に出すのを控えていました。自分が本音を言ったら夫婦関係がこじれてしまう、余計に険悪になってしまう、子供のために良くない、などの理由で我慢していたのです。中には仕事で精一杯で、いろいろと感じても妻にぶつける余力もなかった、という人もいるでしょう。

妻が一定期間、原則を実践し続けると、夫は安心し、本音を言ったら夫婦関係が壊れるという恐れがなくなります。緊張が緩むのです。そして何かのきっかけで本音がこぼれ出ます。時には、それまで胸の内にしまっておいた恨みつらみを全部解き放つこともあるでしょう。

その時、妻がどう反応するか、それが大変重要です！

「今まで頑張って、あるがままを受け入れ、長所を認め、感謝し、称賛し、夫を優先してきたのに、なぜ⁉」と思わないでください。感情に任せて言い返したり、自己正当化したりしては絶対にいけません。

これは、良い兆候なのです。

彼が過去の恨みを言ってきたら、「そうね、そうね、あなたの言うとおりよ。ごめんなさい」と全て受け止めてください。むしろ、彼が全部吐き出せるよう促しましょう。胸の内を空っぽにしてあげるのです。時には、彼が誤解してあなたを不当に責めることがあるかもしれません。それでも、黙って聞いていましょう。「そうじゃないの、それは誤解よ」と弁明すると、せっかく本音を吐き出しているのに、途中で止まってしまいます。後になって落ち着いてから、穏やかに誤解は解くようにしましょう。

最後の恨みまで吐き出したら、彼は気が楽になって、**未《いま》だかつて味わったことのない愛と思いやり**をあなたに抱くようになります。別次元の愛の世界に行くのです。

心の壁は崩れ落ち、二人を隔てるものはありません。夫は、妻が自分の全てを受け入れてくれた、と実感することでしょう。

これは素晴らしいことではありますが、あなたが夫の恨みを受け止めるときは、とても心が痛く、つらいでしょう。彼が我慢してきた期間が長ければ、恨みをぶつけられるのは一度で済まず、繰り返し聞かなければならないかもしれません。そんなときは、天の父母様に祈り、み言《ことば》の本を開き、共に努力する婦人たちと授受をして、乗り越えていってください。

そうやって夫婦が本当に一つになっていくと、夫は「自分は生まれてこのかた、こんなに幸せだったことはない」と感じ、妻は愛されている実感を覚えるのです。

●実践課題

1 自分の言動を振り返る

男性的特質に関して、これまでの自分の言動が夫を傷つけてこなかったか、振り返ってください。思い当たる点があれば、今後はそれを控えるよう自分をしっかり戒めましょう。

2　壁を崩す

夫が壁をめぐらせているなら、それを崩すための必要なステップを踏みましょう。

3　家族を養う彼の責任について考えてみる

例えば夫の靴を履いてみて、これで一日頑張って働いてくれているんだなぁと、彼の姿を思い浮かべてみましょう。また、こんなふうに言ってみてください。「私と子供たちを養うためにあなたが背負っている責任の重さが分かるようになってきたわ。感謝しているわ。これまでは感謝が足りなくてごめんなさいね」。

4　思いやりの言葉

彼が落胆していたら、状況に応じて、こんな言葉をかけましょう。「生きるって、本当に大変ね。男の人たちはよくぞ我慢してやっていけるものだわ」「かわいそうなあなた。今、どんな気持ち?」「あなたが落ち込むのも無理ないわ」「あなたが抱えている問題の大きさを考えたら、あなたは立派に対処しているわよ」。

家庭や学校など育った環境で傷ついてきた人もいるでしょう。仕事の世界は容赦のない戦場です。理不尽な要求や非難にも頭を下げなければならないこともあるでしょう。家に帰った夫の傷を癒やしてあげ、翌日また頑張る力を与えられる妻を目指しましょう。

これまでの内容を読まれて、原則の実践はなんて大変なんだろうと感じられるかもしれません。でも、実践したら、素晴らしいものが返ってきます。夫の愛と優しさが呼び覚まされ、幸福な夫婦関係が築かれていくでしょう。皆さん自身も楽になる、素敵な世界が待っています。

Ⅵ 幸福な心

より良い夫婦関係を築くために、「夫をあるがまま受け入れる」をはじめとした幸福の原則を実践しようとするとき、比較的順調に実践し、継続できる人と、葛藤が大きくてなかなか前に進めない人がいます。その違いはどこにあるのでしょうか？

今、幸せなの？

真《まこと》のお父様はよく教会員たちに、「先生から祝福を受けて喜んでいるの？　幸せなの？」と尋ねられたと聞きます。お父様の関心は、子女である私たちが幸せに暮らしているか、にありました。もし今お父様からその質問をされたら、迷うことなく「はい！」と即座に返事ができる私たちでありたいものです。心の底からしみじみと幸福感が湧いてくる、そんなひと時が生活の折々にあったらどんなにいいでしょうか。

もし「はい！」と答える自信がないとしたら、それはなぜでしょう？　真の父母様に出会い、真理を知り、祝福を受けた私たちが、心から幸せだと感じられないとしたら、何が原因なのでしょう？　外的な苦労をしても充実し、幸福を感じる人もいれば、一見普通の幸せな家庭に見えても、空虚感を覚えている人もいます。

妻が幸せそうにしている姿が、夫への最高の称賛

「愛される妻になることが、夫の幸福、ひいては子供の、家族の幸福につながる」とお話ししました。愛される妻になるためにもう一つの不可欠の要素が「内面の幸福感」です。それは精神的幸福、魂の平安であり、それがあると、苦労やつらい出来事も、穏やかに乗り越えることができます。

幸福な結婚生活の手引書とも言える『新・良妻賢母のすすめ』には、妻は「真に夫に愛される前に、内面的幸せをまず自分の中に見出さなければならないのです。多くの男性たちが妻のもとを離れて別の女性のところに行っていますが、それは妻たちの内面が不幸だからです」とあります。

また、「男性は、女性が内面的に幸福で、周囲に喜びを放ち、暗黒の日々に光を投げかけてくれるのを望むのです」ともあります。

真のお父様は、「女性の笑顔は家の中の花です」と言われました。

心理学者たちは、男は女に与えたいという本能的欲求がある、と言います。そして、妻が

幸せでないと夫は挫折感を覚える、**妻が幸せでいることが、夫への最高の称賛**なのだ、と。女性の皆さん、男性はこんなふうに感じているのです。愛する女性を守り、幸せにすることが、男としての達成感、成功の実感をもたらすのですね。

夫は妻に、子供は母親に、幸せでいてほしいのです。子供は母親の喜びを吸って、生きるエネルギー、活力を受ける、と言う人もいます。両親が愛し合う、その愛の空気の中で、困難なことがあっても越えていける強さが育つのではないでしょうか?

そんな幸せな家庭を築くために、内面の幸福感について、もう少し考えてみましょう。

自己肯定感

自分が嫌いな人、自己肯定感が低い人は、人間関係がうまくいかないといいます。当然、それは夫婦関係にも当てはまります。

幸福な夫婦関係を築くための第一の原則が「夫をあるがまま受け入れる」だとお話ししましたが、その前にまず「自分を弱さも含めてあるがまま受け入れる」ことが大切です。

自己肯定感は子育てについてだけ語られるものではありません。それを子供の中に育む前に、まず親自身が持っていなければなりません。

私たちは信仰生活の中で「自己否定」を重視してきました。自分の願い、自分の考えを否定して、天の願いに生きるべく、努めてきました。堕落論を通して、自分が罪の血統に生まれたこと、自分の中にたくさんの堕落性があることを知りました。そんな私たちが、「自分自身を受け入れる」というテーマと、どう折り合いをつけたらいいのでしょうか?

真のお父様は、「自分を愛さない人は神を愛することができない」とも言っておられます。否定すべき自分を受け入れ、愛する――まずは、その点について考えてみたいと思います。

「創造本性を刺激する授受作用」が幸福な関係を築くことをお話ししました。それは言い換えれば、「〝私の創造本性から発した言動〟で相手の創造本性に働きかける」ということです。幸福の原則を実践してこられた皆さんは、既にその分、皆さん自身の本性が刺激されています。批判的な心で形だけ相手を褒めていても相手には称賛としては伝わりませんよね? 夫婦関係を改善しようと、学んだ原則を実践してみてもなかなかうまくいかない、あるいは続かずに、元の癖が出てしまったり、時に爆発してしまうのは、互いの創造本性を受け入れて信じ切れていないからです。

自分に厳しい人は、他人にも厳しくなりがちです。自分の中の堕落性を否定しようと努力している人ほど、他人の堕落性に葛藤します。私たちは堕落論でしっかり学んでいますので、人の堕落性を見つけるのは大得意です（反面、本性を見抜くアンテナは感度が悪いですね）。

「かくあるべき」という観念が強いほど、許容・受容が自他双方に対して難しくなります。堕落性に焦点を当てると、負の思いが多くなり、平安や幸福感が乏しくなるのです。いつの間にか笑顔が減り、眉間《みけん》にしわが寄ってくるかもしれません。どんなに夫や子供を愛していても、ダメ出しばかりしていたら、堕落性が消えない上に、嫌われてしまいます。自分にダメ出ししても落ち込むし、疲れてしまいますね。自分をダメだと思っていると、褒められても素直に受け止められず、皮肉や批判と取ってしまいます。それでは人との絆《きずな》も築けません。

信仰の基本は、神観・罪観・メシア観だと学びました。こんなに罪深く、堕落性に満ちた私を赦《ゆる》し、受け入れ、愛してくださった神様、真の父母様と出会った。それが私たちの信仰の原点です。神様、真の父母様がしてくださったように、自分を、家族を、赦し、受け入れ、愛する実践をしましょう。

私は信仰を持って最初の数年間、それに触れると必ず落ち込む、という課題がありました。一つのことを乗り越えて自分は成長した、と喜んだあとでも、その課題に引っかかると、またガクッと落ち込むのです。そんなことを二、三度繰り返して、自分はいつまでたってもそこから抜け出せないのか、と絶望的になりました。

そんな私に希望を与えてくれたのが、「実が実りはじめれば花びらは落ちてしまう。同じように心の中に神性が成長すればすべての弱点は落ちてしまう」(『御旨の道』)というお父様のみ言《ことば》でした。堕落性に焦点を当てるのではなく、神様から与えられた創造本性の啓発に焦点を当てれば、いつの間にか堕落性が消えている、というのです。

実際、かつていつも私を落ち込ませていた課題は、現在、「ああ、そういえば昔、若い時はあんなことで悩んでいたなぁ」とたまに思い出す程度で、記憶の彼方です。

霊的喜びを得て、実体的喜びを

私は幸い、「神様は絶対自分を見捨てない」という根拠のない確信(?)が信仰を持った初期からありました。小さな負債は「あ〜ん、お父様、ごめんなさい」「でも、〜の点では頑張ったよ」といった感じです。大きな負債で苦しくてどうしようもない日々を過ごしたあとには、ある出来事を通して、こんな自分をも赦し愛してくださっている神様に出会い、号泣しました。

そんな私だからといって、最初から自己肯定感がしっかりあったわけではありません。中学時代にできた自分への〝否定的思い込み〟。それは信仰を持ったあとも根深く自分の中に住み着き、ちょっとしたきっかけで私の心を引きずり下ろしました。それがいつどこで消えたのか？　振り返ってみても、これが決定的転機になった、という出来事は思い当たりません。

真の父母様をはじめとして、兄弟姉妹や家族に**実体的に受け入れられ、愛される体験の積み重ね**を通して、消えていったのだと感じています。

創造原理に、構想などが実体化したとき、そこから来る刺激、すなわち喜びが実体的なものになる、とあります。神様から注がれた愛を家庭の中で実体的に体験していく中で、本当の意味で自己肯定感が育ち、情が安定していくのではないでしょうか？

過去の傷が癒える時

心に大きな傷を受けて、この傷が癒える時が来るのだろうか、と途方に暮れたことがありました。霊界のことを考えれば、地上にいる間に癒やしておかなければ、永遠に苦しむことになる……。ゾッとしながらも、どうしたらいいか分かりませんでした。お母様の歩みを思い、祈って越えようとしても、思い出せば心が痛み、涙が流れます。真の父母様だったらこう対応されるだろう、という謙虚な対応をし（「かくあるべき」から出た行動なので、心はついていっていません）、その後、先方から食事に招かれ和やかに歓談していても、痛み（誤解から発せられた思いがけない言葉に対する恨みと言ってもいいでしょう）は残りました。

現在、その痛みを感じることはほとんどありません。時間は薬、というのは本当だと思います。でも、時間だけが癒やしてくれたわけではありません。み言や祈祷を通じて神様や真の父母様の心情に触れ、気持ちを整理していった土台の上で、実体の生活の中でたくさん愛を体験することによって癒やされたと思っています。

天性がアベル的、という羨ましい人もいますが、残念ながら、私の中からは負の思いがたくさん湧いてきます。伝道対象者や信仰を共有しない人には寛容になれることも、教会の兄弟姉妹に対してはそうなれず、裁いてしまいます。「原理を知っているのに……」「真の愛を語っているのに……」といった具合に。原理という価値観を相手に当てはめて、「かくあるべき」と期待・要求する思いが前提にあるからです。

『新・良妻賢母のすすめ』で学ぶ原則は、職場の男性との関係も良好にする、と講座を受けた方たちから喜ばれています。ところが私自身は、その原則を家庭では実践できても、教会の人間関係になかなか応用できませんでした。原理を知ってからの年数のほうがはるかに長いので、「かくあるべき」がそう簡単に抜けないのです。

これではいけないと、最近は意識して、「堕落性はお互いさま、神様や父母様のために〜をしてくれている」と良い点に焦点を当てて、心の中で感謝するようにしています。そうすると、やはり人間関係は良くなりますし、良い出来事も増えていきます。

私と同じように信仰生活の中で傷を負ったり恨みを抱いた方々は、「これではいけない、許し愛さなくちゃ」と「かくあるべき」を自分に当てはめて、負の思いに蓋《ふた》をしてきたかもしれません。でも、蓋をしただけでは、それはなくならないでしょう？　こちらから責めないけれども、「いつかは気づいて謝ってほしい」という思いを、私は長い間持っていました。でも、そういうことは起こりませんでした。こちらが負の思いを根底に持っているので、相手もそれを察知して、距離があるままです。ある時は、思い切って相手に言ってみましたが、残念ながら期待する反応（謝罪）が返ってきませんでした。下手をすると、さらに傷ついて、「言うんじゃなかった」と後悔しました。そう、負の思いがある限りは、どんなに正論であっても（相手が信仰的で謙虚な場合は別として）、負の反応しか返ってこないのです。

そうなるともう、自分が解放され楽になるには、相手への要求や**恨みを手放す**しかありません。癪《しゃく》に障るような、損したような気分も捨てて、いい意味で「もう、いいや」と手放すのです。相手のことは神様に委ねます。

手放して、神様と真の父母様につながりながら少しずつ気持ちを整理・転換して（蓋をするのではなく）、時には気持ちが行ったり来たりしつつも、本性を刺激する授受作用を家族や周りの人と（そして最後には葛藤していた相手とも）重ねていくと、次第に傷は癒え、恨みは薄れていきます。

「主人の心が上書きされていました」とある方が言いました。上手い表現だなぁと感心しつつ、本当にそのとおりだと思いました。傷の上に喜びが上書きされるのです。

「○○さんが～してくれたら、変わってくれたら」、あるいは「○○さんがあの時、～したから」と思っていれば、自分の幸福は○○さん次第と、○○さんに依存することになります。心理学では、それを「被害者意識」と呼ぶそうです。

被害者意識がある限り、内面の幸福感は得られません。自分の心が自由にならず、前進できません。少しずつでも、そこから抜け出す努力をしましょう。

幸せの鍵は自分自身にあるのです。

愛を受け取る練習

私たちは、子女の愛、夫婦の愛、父母の愛について学びました。まずこの世に生を受けて、愛を受けるところからスタートします。ところが残念なことに、自分は家庭で全く愛されたことがない、否定ばかりされてきた、だから愛が分からない、という人も少なくありません。

愛に飢えて愛を人に求めると、愛は逃げていきます。あるいは相手の愛に依存することになり、常に不安が伴います。そんな場合、どうしたらいいのでしょうか？

『レ・ミゼラブル』の著者ヴィクトール・ユゴーは、「人生最大の幸福は、愛されているという確信である」とまで言いました。聞き方によっては、絶望する人もいるかもしれません。

愛を受けずに育った人は、〝不利な環境でも立派にやってきた自分〟を褒めるところから始めましょう。神様、真の父母様に出会ったこと自体、すごいことなのです。神様、真の父母様、そして先祖の恩恵をたくさん受けていることは間違いありません。

そして、「ああ、いいなぁ」と感じることを、身の回りにたくさん見つける習慣を身につけましょう。暖かな日差しに、若葉に、道端の小さな花に、喜びを見つける。**見返りを求めないもの**に目を向ける訓練をしましょう。

日の光や雨や草花は、私たちに見返りを求めません。善人悪人の区別なく、一方的に与えられています。私たちは自分で生まれたのではなく、他者によって一方的に命を与えられました。そして、誰かが世話をしてくれたから、その命は保たれたのです。生きていること自体、愛されている証拠だ、と言う人もいます。

見返りなく与えられているものに目を向ける中で、受け手の位置に立って喜び、感謝することを積み重ねていくと、心のマイナスが取れていきます。

感謝や称賛の言葉が誰に向けられて言っているのか、脳は区別できないと聞いたことがあるでしょう。人に対して「ありがとう」と言っても、脳は自分に対して言われたように錯覚するそうです。人を称賛すれば、自分が褒められたように錯覚する。「相手の長所に焦点を当てる」「してくれることに感謝する」「称賛する」――これらの原則の実践は、全部自分の心のマイナスを取って、プラスに上書きする助けになるのです。

プラスの積み重ねが増えると、自然と心はうれしくなります。喜んでいる人の傍にいるのは心地良いですよね。妻がうれしそうにしていれば、夫は傍にいたくなりますし、お母さんがうれしそうなら、子供は家で安心できます。

穏やかにほほえむ妻を、夫は愛《いと》おしく感じ、もっと愛したくなります。夫から実体的に愛されて、妻は心から満たされ、自分の親から十分に愛されなかったことによる心の空白も埋められていくでしょう。

その他の要素

内面の幸福感を得るために大切な他のポイントを、幾つか挙げてみたいと思います。

申し上げるまでもなく、**永遠の原則に則《のっと》った生き方**が土台となります。原理を離れた自由はない、ですね。自分の弱さを克服し、義務を果たし、自己を永遠の法則に調和させるとき、私たちは魂の平安を覚えます。

そして大切なのが、まず**自分の立ち位置を受け入れる**ことだと思います。数年前、『置かれた場所で咲きなさい』（渡辺和子著、幻冬舎刊）という本がベストセラーになりました。自分が生まれ合わせた環境、結婚で結ばれた縁、それらを受け入れなければ、人生を不満の思いで、被害者意識を持って見つめることになります。「なんで自分の家庭はこうなのか、他の親の下に生まれたかった」「長女に生まれたばっかりに家の犠牲になった」「夫の家族、親族に、あんな人がいなければ」などの思いがある限り、他者を責めるばかりで前に進むことができません。自分は成長しませんし、様々な問題が解決することはないでしょう。

次に、**自分が置かれた位置での役割を果たし**ましょう。その第一歩は家庭における妻として、母としての務めを果たすことです。そこに喜びを見いだし、創意工夫して、必要最小限以上のこと、プラスアルファをやりましょう。そうでなければ、充実感は味わえません。謙遜・勤勉・忍耐といった課題を定めて**人間性の向上に努め**ましょう。自分がなりたい人間のイメージや努力目標を持っていると、そのためのヒントや知恵に出合います。公的な歩みをして、**ために生きる**ことは言うまでもありません。

創作活動も喜びを与えてくれます。心が疲れた時などは取り組んでみましょう。芸術などと大げさに考えなくても、料理や裁縫、家の飾りつけや庭いじりといった身近なところにも、創造性を発揮する機会はたくさんあります。

幸い、私たちには信仰があります。神様、真の父母様から愛とみ言を受けています。**良い言葉を使い、その言葉を信じましょう**。そして、もし自分の中に「自分は愛されるに値しない」「死に物狂いで努力しなければ、愛されない」「本当の自分を見せたら誰も愛してくれない」「愛は信じられない、支配の手段だ」などの幻想や負の思い込みがあるとすれば、それらから自分を解放してあげて、心の平安を得るよう努めましょう。

VII
可愛く、無邪気に、女らしく

男性から見た理想の女性は、二つの側面、男性に平安・幸福・慰労を与える聖霊的側面と、男性を魅了し騎士道精神を呼び起こすエバ的側面を有している、と書きました。これからお話しするエバ的特質、「女らしさ」と「少女のような側面」は、祝福を受ける前は抑制されがちですが、夫の愛を呼び覚まし、愛される妻になるには不可欠の要素です。

本然の女らしさを呼び覚ます

私たちは意識して、「女性らしさ」「可愛いらしさ」を表現することを避けてきました。言うまでもなく、神様（天の父母様）からの戒めを守れなかった人類始祖の過ちを繰り返さないためです。

天地人真《まこと》の父母様による祝福を通して、私たちは理想相対としての愛の対象を与えていただきました。み旨の同志になるためではなく、天の血統を生み増やすためだけでもなく、夫婦愛を育み、体恤《たいじゅつ》するために与えられたのです。主体者の前では、美の対象として、愛の受け手として、女性としての本性を精一杯発揮しましょう。

女らしさは〝柔らかさ〟

女らしさには、女性が想像もつかないほどの、男性を惹《ひ》きつけるすごい力があります。なぜならそれは、男性の強さ、堅固さと対照的だからです。神の陽性の実体対象である男性は、陰性の実体対象である女性と引き合うようになっています。プラスとマイナスそれぞれが強いほど、引き合う力は強くなりますね。逆に、男性的な側面の強い女性には、男性は引かれませんし、強過ぎればプラス・プラスとなって反発してしまいます。

女らしさを前にすると、男性は自分の中にある男らしさを、男性的強さと能力を自覚します。既にお話ししたように、この感覚は男性にとって最大の喜びの一つです。ロマンチックな感情が呼び覚まされ、その女性を守りたいと思うのです。

女らしさを一言で言えば、〝**柔らかさ**〟ではないでしょうか。ふわっとした滑らかな印象の外見、柔らかな言葉遣い、物腰、優しく繊細な性格、妻として、母として与える癒やしと平安……。これらをイメージしながら、内外の女らしさを身につけていきましょう。

女らしさの入り口

どんなに忙しくても、自分の**身なり**に対する気配りは忘れないようにしましょう。男性は妻にきれいでいてほしいのです。もちろんそれにとらわれ過ぎてはいけませんし、できる範囲でいいですので、髪や顔、体型、服装に注意を払いましょう。

ある婦人は、出産以降、子育て中心になり、Tシャツとジーパンの毎日でしたが、女らしさの大切さを知ってからは、それらを一切やめ、ワンピースなどを着るようにしました。するとそれだけで、ご主人が自分を大切に扱ってくれるようになり、男らしくなったというのです。そして、自分は愛されている実感を持てた、と。

外見を女らしくすると、自《おの》ずと**仕草**も女らしくなります。歩き方、話し方、手の使い方、顔の表情などを研究してください。身近に良いお手本の人がいれば、まねましょう。真のお母様を思い浮かべるのも、女らしい振る舞いへの近道かもしれません。

重い足取りや大股歩きは避け、背筋を伸ばして軽やかに歩きます。女っぽい話し方、身振りをする男性に女性が嫌悪感を抱くように、荒々しく強い口調で話す女性を男性は嫌います。時には、赤ちゃんに話しかけるような甘く優しい声でご主人に話しかけてみてください。また、鏡を見て優しく穏やかな表情を研究し、口角を上げるよう意識して、感じの良い表情を心がけましょう。

夫の前に〝弱さ〟も出せる妻に

フェミニンなファッションに身を包み、女らしい外見、仕草を心がけていても、女らしい性格が伴わなければ何にもなりません。

女らしい女性は、優しく柔和で、信頼の情に満ち、情け深く、男性による保護を頼りとします。男性は、自分を頼りとしてくれる女性を守ることに、男として強い喜びを覚えます。他方、有能で自立心の強い女性に対しては、たとえ彼女が外的に、あるいは人間的にとても魅力的だとしても、守ってあげたいという思いは湧きません。

自分の中に、もろく傷つきやすい側面があったら、夫の前では素直に出しましょう。〝か弱い〟妻だからこそ、夫は「自分が必要とされている」と感じるのです。ただし、これは誘惑に負けやすいとか、意志薄弱といったマイナス的意味の弱さではありません。

対象の位置に立つ女性は、**素直で従順な心**を持ってこそ、夫の良き相対になることができます。ある男性は、幼い子供たちと遊んでいた時、息子たちとは違う娘のか弱さに気づき、彼女をそっと優しく扱いました。それを見ていた妻が、「どうして（娘にするのと）同じように私にも優しくしてくれないの？」と尋ねると、「それはね、君が僕に逆らったり、僕とけんかしたり、大声で怒鳴ったりして、女らしくなくなったからさ」と彼は答えたのでした。

皆さんも、子供たちに何か言ったとき、いちいち言い返す子と素直に「はい」と言う子とでは、素直な子のほうを可愛いと思うでしょう？　〝素直であること〟はとても素敵なのです。キツイ妻、可愛げのない妻にならないよう気をつけましょう。

家庭における天与の役割、すなわち妻・母・主婦としての務めを真心で果たそうとする中で、本然の女性性相が啓発され、女として成長していきます。力仕事など男性的能力を要する仕事を、夫に頼まず妻が自分でやり続けていると、女らしさが育まれないだけでなく、夫が男らしさを発揮する機会、ひいては妻が夫の男らしさを称賛する機会が少なくなってしまいます。

例えば、重い物を「運んでくれる？」と夫に頼んで、彼がそれを難なく運べば、「あら、すご～い！　軽々ね。助かるわ」と彼の力を称賛できますし、彼は必要とされていることを感じられます。あなたが男性的な仕事をしている場合は、それをやめる方向で努力しましょう。やらざるを得ない場合は、女らしくやりましょう。

娘のように

「夫婦は時に父と娘のように……」というお父様のみ言《ことば》を実現するには、女性は時に娘のように振る舞わなければなりません。現代は甘えられない女性が多いようですが、男性は甘えてほしいし、頼ってほしいのです。幼い少女のような側面（無邪気、純真さ、無条件の信頼など）を身につけていくと、とても楽しく夫婦愛を育んでいくことができます。

これまでは、妻が夫にひたすら与え、尽くすことをお話ししてきました。夫をあるがまま受け入れる、長所を見て感謝する、男として称賛する、最優先する、彼の意思や決定を尊重する、など。女性の皆さんの中には「では、私の思いはどうなるの？　ただ我慢して押し殺すしかないの？」と思われた方もおられるのではないでしょうか？

「少女のような側面」は、妻の気持ち、妻の欲求にポイントを置いています。夫からひどい扱いを受けたとき、どう振る舞ったらいいのか？　妻が我慢するばかりでは真に幸福な結婚生活は築けません。傷つき、怒りたいときもあるでしょう。押し殺すだけでは負の感情が蓄積されかねません。叶《かな》えたい願いも、諦めないでください。

幼い少女のように振る舞うことは、あなたの思いを適切に表現できるだけでなく、彼には魅力に映ります。髪に白いものが混じる夫が目を輝かせながらビジョンを語る姿に、「少年のような一面」を見いだすでしょう？　そして、そんな夫を素敵だと思うでしょう？　同様に、男性は愛する女性の可愛い一面に惹かれるのです。

怒ってもよい、ただし…

夫からひどい言動を受けても、許し愛することが理想ですが、容易なことではありません。皆さんはそんな時、どう反応しますか？　すぐさま反撃に出て言い返しますか、み言で裁きますか、それとも縮み上がって、黙ってその場を立ち去りますか？　これらの反応は決して双方に良い感情を残しません。負の授受作用は負の力を生むだけです。

ここでご紹介するのは、〝**魅力的な怒り方**〟です。妻が傷ついて怒りを表現する時、魅力的に怒ると、夫から怒りは返ってきません。

愛されて育った可愛い小さな女の子の怒る様を見てください。プーっとふくれっ面をして、地団太を踏み、「もう口をきかないからっ」と脅します。それを見た大人は、笑顔でその子を抱き上げ「あー、よしよし」「分かった、分かった」となりますね。怒りに対して、愛《いと》おしさが返ってくるのです。

妻がこの小さな女の子と同じように怒りを表現すると、夫の中には同様の感情が湧いてきます。彼女がばからしいほど大げさな仕草で怒ると、彼はあっけにとられ、笑い出したくなります。彼の中から毒気が抜けるのです。と同時に、彼は自分が強くて、もっと分別があり、男であることを実感します。そして、子供のような妻を守ってあげたいと感じるのです。

大人対大人のけんかではなく、大人(夫)対子供(妻)になるのですね。「え〜、そんなばからしいこと、私にはできないわ」などと、自分を枠にはめないでください。それでは眠っている本然の女らしさ、素敵な女性性を目覚めさせることはできません。自分の中の乱れた感情を吐き出せて、しかも夫から愛が返ってくるなんて、やってみない手はありません。一度その世界に入ったら、楽しくなること請け合いです。

怒る際のポイントはこうです。

①過去の恨みまで引き合いに出さない

純真な子供は、怒ってもすぐ忘れます。過去の恨みをいつまでも覚えていて、何かある度にそれを持ち出して責めることはしません。怒る時は、その時の怒りの原因に対してだけ、怒りを表現しましょう。

②少女の仕草を研究し、まねる

地団太を踏む、顎を高く上げる、肩を怒らす、ふくれっ面をする、両手を腰に当てる（ウエストより高めの位置）、目を大きく見開く、拳《こぶし》で夫の胸をたたくなど。

③男らしさを褒める形容詞（表現）を使う

夫に向かって怒りを発する際、男らしさを表す形容詞を使って責めてください。「まあ、なんて野蛮な！」といった感じです。〝野蛮〟と罵っているのですが、その背後には〝男性的〟という意味がありますね。ですから言われた男性はうれしいのです。うれしいから、あなたの怒りに対して、彼から怒りは返ってきません。

④大げさに表現する

子供は大人に向かって怒りを表現する際、思うように言葉が出ず、力でもかなわないので、自分の小ささ・無力さを過大表現によって補おうとします。夫の強さと自分の弱さの対比を誇張したり、子供らしい〝脅迫〟をしてみましょう。「あなたのような強くて偉い人が、どうして私のような無力な人間をいじめるの?」「もう~してあげないから」といった感じです。

また、泣きたい衝動に駆られたら、我慢せず、無垢《むく》な子供のように泣きましょう。ただし、ヒステリックな泣き方はいけません。

この〝子供のような〟怒り方は年齢不問です。「いい年してみっともない。可愛く見えるわけないでしょ」などと勝手に決めないでください。それはあなたの視点であって、可愛いかどうかを決めるのはご主人です。男性は、幾つになっても可愛い妻でいてほしいのです。

実際、少女のように怒る妻が可愛くて、わざと怒らせるご主人もいるほど、男性はこの側面が大好きです。

身近に小さい女の子がいれば観察して、一緒になってプーっとふくれっ面をするのもいいでしょう。入りやすいところからやってみてください。

怒っていい時、悪い時

さて、「魅力的な怒り方なら、してもいいですよ」と言っても、怒っていい時と悪い時があります。

あなたが夫から良からぬ扱いを受けた時、侮辱された、批判された、無視された、強制された、からかわれた時などは、あなたは怒ってもかまいません。

一方、怒ってはいけない時は、夫が自分の責任を果たさなかった場合です。「あるがままを受け入れる」や「天与の役割」でお話ししたように、妻は夫のあるがままの自分でいる権利を尊重し、彼の責任分担には踏み込みません。

また、この怒り方は、怒りを覚えた**その時、その場**でしなければなりません。「あ、これは怒っていい時だわ」と思っても、すぐに反応するには前もって準備（練習）しておく必要があるでしょう。その場で反応できなくて、「あ〜、今子供のように怒ってみるチャンスだったのに！」と悔やむと、彼への怒りよりも機会を逃した自分に思いが行って、不当な扱いを受けたことへの怒りが和らぐという副次的効果もあります。

そして、**中くらいの怒り**の時に、これを実践してください。些細《ささい》なことでいちいち怒っていたらうるさいと思われかねませんし、逆に非常に傷ついた時は子供のように反応することは難しいでしょう。

夫婦間に深刻な問題があって、深い溝や亀裂がある場合は、子供のように振る舞うことは難しいでしょう。まずは関係の修復から始めなければなりません。そういう方は、これまでにお話しした原則を実践し、ご主人の心を和らげるよう努力してください。

夫を立てて、素直に〝お願い〟

幸福な結婚生活では、妻の願いも叶えられなければなりません。自分の欲しいものは全て我慢して、夫と子供を優先する自己犠牲型妻は、夫に男としての喜びを与えません。彼は与えたいのですから！　でも、妻が何を望んでいるのか、言ってもらわないと分からない夫が多いのです。

夫に頼んだが無視された、拒否されたなどの苦い経験をお持ちの方もおられるでしょう。そして、頼むことを諦めてしまった方も。さらには、夫が自分の願いを聞いてくれないのは自分を愛していないからだ、大切に思っていないからだ、と解釈してしまった方もおられるかもしれません。

これも、男女の違いを知らなかったために起こった、悲しい誤解です。夫が頼みを聞いてくれなかったのは、妻が適切な頼み方をしてこなかったからです。

妻が何かをほのめかしたり、提案したり、説得したり、時には強要すると、夫は自分のリーダーシップが脅かされていると感じかねません。そんなときには、自分の権威を示さんがために「ノー」と言うでしょう。また、妻があれこれ理由を述べて自分の願いを正当化しようとすると、夫は主体的に妻に何かしてあげたいという気持ちが削《そ》がれてしまいます。夫が折れて願いを聞いたとしても、彼の中に喜びは湧いてきません。

では、どのような頼み方ならいいのでしょうか？　幼い娘が下から親をまっすぐ見上げて手を合わせ、「お願い、いいでしょう？」とおねだりしてきたら、「ダメ」とはなかなか言えないものです。ある大先輩も、「奥さんから娘のように頼まれたら、男はノーとは言えないよ」とニコニコしながら言っておられました。そう、男性は〝少女のような〟側面が大好きなのです！

あれこれ理由を挙げて説得しようとせず、率直に「～してくれる？」「私にとっては、とても大事なことなの」と頼みましょう。子供のように信じきった頼み方をすると、あなたが彼のリーダーシップを尊重しているのが分かります。妻が自分の立場を尊重し頼ってくれているのを感じ取ると、男性は全力を尽くして妻の願いに応えてあげたくなるのです。

妻の願いに対して、彼なりの様々な理由から「ノー」と言うこともあるでしょう。彼の「イエス」とも「ノー」とも言える権利を尊重し、断られても感じ良く受け止めてください。傷ついたり恨めしく思ってはいけません。「分かったわ」と夫の判断を受け入れる妻の姿に、彼は、次回は応えてあげたいと思うでしょう。

彼が了承してくれたら、子供のように素直に喜びを表現しましょう。妻の喜ぶ姿を見て、夫は喜びます。そして、もっと喜ばせたいと思うのです。夫の優しさに対して喜びと感謝を表していく、その日常の積み重ねが互いへの愛を育んでいくのです。

●実践課題

1 外面の女らしさ

女らしいホームウェアを着ましょう。ご主人が一番多く目にするのは、おそらく家にいる時のあなたでしょう。また、自分の仕草をチェックして、問題点を一つずつ直すように意識しましょう。

2　内面の女らしさ

自分の女性的性格を分析し、女らしい点と欠けている点を書き出しましょう。男性の助けがなければできないものを、夫にしてくれるよう頼みましょう。あなたが男性的な仕事をしていたら、それをやめる努力をしてみてください。

3　幼い少女のような表情・仕草

鏡の前に立って、子供のような表情・仕草・言い方を練習しましょう。あなたが怒った時に使える、夫の男らしさを褒める形容詞をリストアップしてください。

これまでお話ししてきた原則を実践しようとする中で、自分の心の壁にぶつかることもあると思います。そんな時は、実践できない自分を責めないでください。その壁がなぜできたのか、よくよく自分を振り返ることが必要になるかもしれません。勇気を出して過去の傷に向き合うことになるかもしれません。祈りやみ言、兄弟姉妹の助けを借りながら傷を癒やすのも大切な過程です。天の父母様が愛してくださっている自分を慈しんでください。あなたの心が解放され、喜んで、素敵な女性になるに比例して、ご主人にも変化が見られるでしょう。たくさん愛されて、たくさん美を返して、天の父母様が訪ねたくなる家庭を築いていきましょう。

【参考文献】

『「愛」は伝わっていますか』（鈴木秀子著、講談社）
『氏族伝道の心理学』（大知勇治著、光言社）
『新・良妻賢母のすすめ』（ヘレン・アンデリン著、コスモトゥーワン）
『新・良妻賢母のすすめ・生徒用ワークブック』（ヘレン・アンデリン著、コスモトゥーワン）
『トータル・ウーマン』（マラベル・モーガン著、講談社文庫）
『話を聞かない男、地図が読めない女』（アラン・ピーズ＋バーバラ・ピーズ著、主婦の友社）
『ベスト・パートナーになるために』（ジョン・グレイ著、三笠書房 知的生きかた文庫）

〔著者紹介〕
橘 幸世（たちばな　さちよ）

学生時代に統一原理と出合い、入教。卒業後、献身的に歩み、アメリカ、ヨーロッパでも活動。その後、高校で英語を教える傍ら、全国各地で良好な夫婦関係を築くための講座・セミナーの講師を務める。夫婦関係が修復した、愛が深まったなどの結果を生み、好評を博している。1男1女の母。

夫婦愛を育む魔法の法則
愛され上手なかわいい妻に

2017年3月1日　　初版第1刷発行
2017年8月25日　初版第2刷発行

著　者　橘　幸世
発　行　株式会社　光言社
〒150-0042 東京都渋谷区宇田川町37-18
電話　03(3467)3105
https://www.kogensha.jp
印　刷　株式会社 ユニバーサル企画

ISBN978-4-87656-196-4